Lisette Thooft
Zehn Gebote der inneren Ruhe

Lisette Thooft

Zehn Gebote der inneren Ruhe

Entschleunigen und entspannen
in der No-Time-Gesellschaft

Verlag Urachhaus

Die Originalausgabe erschien 2003 unter dem Titel
Tien geboden voor innerlijke rust bei De Boekerij, Amsterdam.

Übersetzung aus dem Niederländischen: IMF Textdienste, Lohr a. M.

ISBN 10: 3-8251-7531-6
ISBN 13: 978-3-8251-7531-3

2. Auflage 2006
Erschienen im Verlag Urachhaus
www.urachhaus.com

Umschlaggestaltung: U. Weismann
Umschlagabbildung: © plainpicture/Deepol/Miriam Klippel
Gesamtherstellung: Freiburger Graphische Betriebe, Freiburg

»Regierung« geschrieben war, einen Stapel Banknoten in Richtung dieses Sackes – wir stecken viele Steuergelder in unsere Probleme, das war die Aussage. Und auf dem letzten Bild war der Sack mit Problemen enorm angewachsen, quasi fett gemästet durch all das Geld. Aufmerksamkeit bewirkt, dass etwas zu blühen beginnt, und Aufmerksamkeit, die wir Problemen widmen, bewirkt, dass die Probleme üppig gedeihen. Überall, wo sich ein Problem zeigt, stürzen sich die Journalisten darauf und beginnen darüber zu reden, zu schreiben, zu filmen. »Dies darf nicht geschehen!«, rufen alle entrüstet – und es geschieht erst recht. »Es kann doch nicht so sein, dass …«, sagen Politiker streng. Und es zeigt sich, dass es wundersamerweise eben doch sein kann. Solange sämtliche Aufmerksamkeit sich ausschließlich auf das Problem fokussiert und jeder jammert und wehklagt, wie schlimm es doch sei, solange wächst das Problem. Erst wenn die Aufmerksamkeit auf die Lösung gelenkt wird, kann das Problem selbst verschwinden.

Positive Deviance (positive Abweichung) lautet der Name eines neuen Ansatzes bei Entwicklungshilfe-Projekten. Darunter versteht man die Konzentration auf das, was in positivem Sinn vom Normalen abweicht. Es handelt sich, kurz gefasst, darum, dass die Helfer dasjenige betrachten, was gut verläuft, anstatt auf das zu schauen, was nicht gut geht. Sie richten ihre Aufmerksamkeit auf die Lösung statt auf das Problem.

Normalerweise beschäftigen sich Entwicklungshelfer vor allem mit dem, was im negativen Sinne vom Normalen abweicht. Bei Nahrungsmittelhilfe-Projekten beschäf-

Inhalt

Einleitung

»Was strahlen Sie für eine Ruhe aus!«, sagte die Fitnesstrainerin. »Ich habe Ihnen beim Training zugeschaut, Sie hielten Ihre Augen geschlossen. Und ich sagte zu meiner Kollegin: ›Der könnte ich wirklich stundenlang zuschauen‹.«

Hoppla. Eigentlich wollte ich lieber nicht, dass mir die Leute dabei zuschauen, wie ich schwitzend und rot angelaufen im Fitnessclub mein Herz-Kreislauf-Training betreibe, heftig mit den Füßen tretend, auf so einem glänzenden Apparat aus Chrom und schwarzem Leder. Und dann noch stundenlang. Ich trainiere am liebsten mit geschlossenen Augen. Dann werde ich nicht durch die riesigen Bildschirme abgelenkt, die wie ein Magnet meine Aufmerksamkeit anziehen, und ich kann den Blick nach innen wenden. Manchmal sprudeln dann neue Ideen in mir hoch. Manchmal stelle ich mir vor, dass durch mich ein Strom goldener Sternchen hindurchbraust, der meinen Muskeln Energie vermitteln und mein Fett abbauen will. Da drinnen, hinter meinen geschlossenen Augenlidern, ist es viel interessanter als auf dem Bildschirm. Ich empfand es als nettes Kompliment, was die Trainerin da sagte. Aber ob ich es verdient hatte?

Vor zwanzig Jahren hatte ich schon einmal ein solches Kompliment bekommen. Das war, als ich gerade dabei war, mein erstes Kind in der Frauenklinik zu gebären. Der zuständige Arzt sah die eiserne Selbstbeherrschung, mit der ich die Wehen ertrug, und sagte: »Das Kind hat Glück, mit so einer Mutter. Was für eine innere Ruhe!« Er hätte einmal sehen sollen, was für eine Unruhe ich damals noch unter meinem scheinbar ruhigen Äußeren verbarg. Selbstbeherrschung ist nicht dasselbe wie innere Ruhe. Das eine ist etwas Künstliches, das andere echt. Selbstbeherrschung ist eine schwere Tür, die wir zuschlagen, um den in uns wogenden Unfrieden nicht herauszulassen. Echte Ruhe ist eine stabile Kraft, die frei ein- und ausströmen kann.

In den zwanzig Jahren, die zwischen den beiden Komplimenten vergangen sind, ist einiges passiert. Die schwere Tür flog in einem bestimmten Augenblick aus den Angeln und ich verlor meine künstliche Ruhe, wurde unbeherrscht und emotional. Allerlei Gespenster aus der Vergangenheit kamen aus der offenen Tür hervor, sprichwörtlich Leichen, die noch im Keller verborgen gewesen waren. Ich suchte Therapeuten auf und arbeitete hart an mir selbst. Tag für Tag unternahm ich Entdeckungsreisen in mein Inneres, und nachts tat ich dasselbe in meinen Träumen. Langsam und allmählich wurde es ruhiger in mir. Als die Gespenster herausgekommen und dem hellen Tageslicht ausgesetzt waren, zeigte es sich, dass sie eigentlich nur aus Gefühlen bestanden, die ich irgendwann einmal verdrängt hatte. Stück für Stück entdeckte ich den Reichtum und die Schönheit, die da drinnen in mir zu finden war.

Ich erinnere mich an eine Einzelheit aus einem Märchenbuch, das ich wohl gelesen habe, als ich noch klein war. Darin kommt ein Baum vor, in dem sich ein ganz kleines Türchen befindet. Der Held des Märchens klopft an diese Tür und sie öffnet sich. Er tritt ein – und zu seiner Überraschung steht er nicht in einem hohlen Baum, sondern in einem unermesslich großen Raum. So etwa fühlte es sich an, als ich mein Inneres entdeckte: Es war, als wäre ich in einen Palast geraten, der in meinem eigenen Körper verborgen lag.

Ob das Kompliment meiner Fitnesstrainerin berechtigt gewesen ist, weiß ich vielleicht erst in zwanzig Jahren. Eigentlich hoffe ich, dass ich dann wieder denken werde: *Wenn sie wüsste, was für eine Unruhe sich damals noch hinter meinen geschlossenen Augen verbarg!* Das würde dann bedeuten, dass ich inzwischen noch viel mehr Ruhe in mir gefunden habe. Wenn alles richtig verläuft, geht so ein Prozess immer weiter und wir gelangen zu immer tieferer innerer Ruhe und innerem Frieden.

Wenn alles richtig verläuft, geht so ein Prozess immer weiter und wir gelangen zu immer tieferer innerer Ruhe und innerem Frieden.

Das ist das Geheimnis. Wir sind alle wie dieser Baum aus dem Märchen, mit einem Türchen darin. Von außen sieht er wie ein ganz normaler Baum aus, doch wenn wir durch die Tür gehen, betreten wir einen gigantischen Palast. Saal nach Saal öffnet sich vor unseren überwältigten Augen, Säle mit spiegelnden Fußböden, Marmorsäulen, üppigen Gemälden und Kronleuchtern, die sanft klirren. Terrassentüren öffnen sich und wir gelangen in einen prächtigen, parkartigen Garten mit Teichen und Pergolen, blühenden Rosensträuchern und duftenden Kräuterbeeten. In der blauen Weite erstrecken sich grüne Weiden und stille Wasser …

So reich ist jeder Mensch in seinem Inneren, so viel liebliche Ruhe ist in jedem von uns.

Und wenn wir wieder in die Welt zurückkehren und die Tür hinter uns zuschlagen, ist da nur noch dieser ganz normale Baum. So reich ist jeder Mensch in seinem Inneren, so viel liebliche Ruhe ist in jedem von uns, und so schwierig ist es, dies von außen zu erkennen.

Viele Menschen finden es unangenehm und bedrohlich, den geheimen Palast zu betreten, so wie ich früher. Am Tor stehen Schildwachen, manchmal sogar mit knurrenden Hunden an Ketten, die uns den Eintritt verwehren wollen. Drohende, gespenstische Gestalten tauchen hinter ihnen auf. Das sind unsere verborgenen und verdrängten Emotionen. Dahinter sehen wir den geräumigen Saal, wo goldenes Sonnenlicht durch die Glaskuppel fällt. Wie kommen wir dort hin? Mit Gewalt bewegen wir die Schildwachen, die Hunde und die Gespenster nicht zum Rückzug. Aber wir können sie freundlich einladen, herauszukommen, indem wir den tief vergrabenen Gefühlen einen Platz im Licht zuweisen und unsere Vergangenheit akzeptieren.

Schutt beseitigen, so nennen Therapeuten dies. Schließlich erweisen sich die strengen Wächter als liebevolle Beschützer, mit schwanzwedelnden treuen Vierbeinern an ihrer Seite. Die Gespenster lösen sich auf, die Leichen werden friedlich begraben.

Und dann? Selbst wenn wir mit unserer Vergangenheit Frieden geschlossen haben und über einen gesunden Geist in einem gesunden Körper verfügen, ist es dennoch schwierig, die Zeit und die rechte Gemütsverfassung zu finden, die wir brauchen, wenn wir den inneren Palast betreten wollen. Das kommt daher, dass die Außenwelt uns ständig ablenkt und in die Irre führt. Die allgemein gängigen Ideen und Lebensmaximen unserer Kultur führen eher zu Unruhe und Unfrieden. Um Ruhe in mir selbst zu finden, muss ich über eine gehörige Portion Eigensinn verfügen. Ich brauche andere Lebensmaximen als die gängigen. Darum habe ich in diesem Buch aufgeschrieben, was ich bis heute entdeckt habe.

Jeder siebte Mensch ist auf der Suche nach innerer Ruhe. Junge Menschen suchen häufig Spannung und Sensationen. Viele Menschen wollen vor allem Spaß, Unterhaltung und Genuss erleben, oder sie denken, dass sie sich erst dann zufrieden geben können, wenn sie reich und berühmt geworden sind. Genauer betrachtet führen auch Spannung, Genuss und Reichtum zu innerer Ruhe – vielleicht nur für einen kurzen Moment, aber immerhin. Die innere Stimme der Unruhe verstummt für einen Augenblick, denn wir haben bekommen, was wir haben wollten. Eigentlich ist jegliches Streben also ein Streben nach innerer Ruhe.

Wer eine gewisse Reife erlangt hat – und dies hängt weniger mit dem Lebensalter zusammen, als man zunächst zu denken geneigt ist –, kann die Umwege überspringen und sich direkt auf die Suche nach innerer Ruhe begeben.

Was zeigt sich dann? Wenn wir in unserem Inneren zur Ruhe kommen, bekommen wir Genuss, Sensationen und Reichtum gratis dazu. Innere Ruhe macht den Menschen sensibler und empfänglicher. Spannung und Sensationen stellen sich dann von selbst ein und sind in ihrer ganzen Fülle im Leben gegenwärtig. Man braucht dafür nicht in

Wenn wir in unserem Inneren zur Ruhe kommen, bekommen wir Genuss, Sensationen und Reichtum gratis dazu.

einen Horrorfilm zu gehen oder sich einen teuren Abenteuerurlaub irgendwo im Hindukusch zu leisten. Wenn wir plötzlich riechen, dass es Herbst wird, wenn ein glänzendes, mit Tau bedecktes Spinnennetz an unserem Fahrrad hängt, wenn der Pfau im Streichelzoo sein prächtiges Gefieder spreizt oder wenn der Garten meines Nachbarn plötzlich mit Schneeglöckchen übersät ist, so erfahren wir das als eine Sensation, die auf uns buchstäblich herzerwärmend wirkt.

Innere Ruhe ist eine Errungenschaft, die dazu führt, dass wir viel tiefer, intensiver und bewusster all das Gute in unserem Leben genießen.

Ein Mensch mit innerer Ruhe fühlt sich immer reich und erfolgreich. Dieses Gefühl hat überhaupt nichts mit Geld oder Anerkennung durch andere zu tun. Es kommt von innen und ist auch nicht von unserem Kontostand oder Komplimenten anderer Menschen abhängig. Machen Sie sich einmal klar, was Ihnen alles gelingt, was alles Sie trotz aller Widerstände hingekriegt haben – es zeigt sich, dass es viel mehr ist, als Sie dachten. Zunächst einmal ist es ein Wunder, dass es Sie gibt. Sie schlagen sich doch eigentlich wunderbar durch dieses komplizierte Dasein mit all seinen Fallstricken. Das ist ein Erfolg und eine Beruhigung. Wenn es Ihnen bis jetzt gelungen ist, dann wird es Ihnen wahrhaftig in der Zukunft auch gelingen.

Und Reichtum? Kommen Sie zur Ruhe und Sie werden Ihre Reichtümer nicht mehr zählen können, so unermesslich werden sie sein. Die Sonne, die frische Luft, der Regen, das Rascheln der Herbstblätter, die glänzenden

Straßen der Stadt – alles ist da, hier und jetzt. Ihr Atem, Ihre Gedanken, Ihre Gefühle, Ihre Liebe: Unermessliche Schätze sind in Ihrem eigenen Körper und in Ihrer Seele aufgetürmt.

Man kann den Eindruck haben, dass die Welt, die uns umgibt, alles daransetzt, uns von dieser verborgenen Schatzkammer fern zu halten.

Wir leben in einer besonderen Zeit. Moderne Technik bewirkt, dass alles, was wir tun, schneller geht als früher, und auch diese Beschleunigung selbst beschleunigt sich immer mehr. Wir sehen dies an allem um uns herum: am Fernsehen, den Filmen, unseren Terminkalendern, den Medien – überall hat sich das Tempo erhöht. Menschen sprechen sogar rascher als früher, sie denken rascher und sie leisten mehr in der gleichen Zeit. Es hängt etwas in der Atmosphäre, was uns alle aufpeitscht und unter Druck setzt.

Der Wohlstand nährt die Illusion, dass es immer mehr zu erleben und zu erfahren gibt als das, was wir gerade erleben und erfahren. Die Reklame mit ihren magischen Formeln agiert wie ein Kreis böser Hexen, die tagein, tagaus ein wenig Unruhe in unseren Seelen hervorzaubern. »Du könntest viel mehr haben«, flüstert uns die eine Hexe leise von der Reklamefläche an der Bushaltestelle zu. »Du könntest viel glücklicher sein«, lässt sich eine andere durch das aufgeregte Geplärr der Fernsehreklame hindurch vernehmen. »Du könntest viel schöner, gesünder, schlanker und attraktiver werden«, zischt die nächste hinterlistig aus den Hochglanzseiten der Illustrierten. »Kauf mein Produkt, und du wirst …«

Tue dies, tu das, renne hierhin, renne dorthin, sonst gehörst du nicht dazu. Zappe von der einen Reklame zur nächsten … Und gehe möglichst nicht auf die Suche nach dem Türchen in deinem eigenen Baum … So lautet die Botschaft der Hexen.

Und selbst wenn wir ihnen widerstehen, sind da immer noch die gut gemeinten Ratschläge von Eltern, Freunden, Beratern und Dozenten. »Es ist alles eine Frage der bewussten Entscheidungen«, sagen sie streng. »Du musst wissen, was du willst, jetzt und in fünf Jahren und in zehn Jahren. Mach einen Plan! Entwickle Willenskraft. Wir müssen immer nach Wachstum streben, denn ohne Wachstum stagnieren wir. Stillstand bedeutet Rückschritt.«

Ob das alles wirklich wahr ist? Oder machen wir uns nur verrückt und lassen uns verrückt machen? Sehen wir vor lauter Wald den eigenen Baum nicht mehr?

Es gibt noch weitere Hindernisse. Innere Ruhe lässt sich auch deswegen nur schwer erreichen, weil Unruhe eine fast süchtig machende Wirkung hat; und wir sind heute fast alle ein wenig zu Adrenalin-Junkies geworden. Das bedeutet, dass ein Moment der Stille in einem übermäßig vollgestopften Leben häufig ein unangenehmes Gefühl auslöst. Wir haben uns dermaßen an viele Reize, viel Aufregung, viel Wirbel und Betrieb gewöhnt, dass wir uns leer und ungemütlich fühlen, wenn sich nichts ereignet. Wir bezeichnen das als Langeweile, als Tief oder als schlechte Laune, vielleicht gar als Depression – doch in Wirklichkeit ist es eine Art Entwöhnungssymptom. Etwas in uns ruft nach neuen Reizen, nach Ablenkung. Die Entzugserscheinungen bei Unruhe sind genauso unangenehm wie die bei irgendeiner anderen Sucht. Viele Menschen können erst damit anfangen, wenn sie sich gewissermaßen den Kopf eingerannt haben. Anscheinend ist das Türchen in ihrem Baum, jenes Türchen, das den Zugang zum geheimen Palast im eigenen Innern verschafft, von einer Dornenhecke überwuchert. Darum rennen sie lieber im Wald im Kreis herum, so lange, bis sie über ihre eigenen Füße stolpern.

Alles, was extrem wird, kehrt sich irgendwann in sein Gegenteil um. Unsere westliche Gesellschaft ist gewissermaßen *durchgedreht*. Und allmählich beobachten wir, dass gerade das zu einer Verlangsamung führt. Wir haben uns festgefahren – in Verkehrsstaus, in komplizierten Systemen, in der Vermassung.

Immer mehr Menschen steigen aus dieser Tretmühle aus, freiwillig oder gezwungenermaßen. Wie viele Menschen ereilt nicht dieses Schicksal? Der eine leidet unter *Burnout*, ein anderer unter dem *RSI-Syndrom* oder *CFIDS*. Manche sitzen plötzlich da mit einem *Whiplash* oder mit einem geheimnisvollen Leiden, bei welchem sich die Ärzte keinen Rat mehr wissen. Es scheint fast eine Epidemie zu sein. All diese Menschen gehen notgedrungen auf die Suche nach innerer Ruhe, nach dem verborgenen Palast da drinnen. Doch viele lassen es nicht so weit kommen: Sie bemühen sich, bewusst zu entschleunigen. Sie wollen nicht, dass alles immer schneller, rascher, gehetzter, kurz: *mehr* wird.

Besser wäre es natürlich, die ganze Aufregung allmählich abebben zu lassen und durch echte Freude, echten Genuss und wahre Befriedigung zu ersetzen.

Schließlich gibt es, meine ich, auf einer noch grundsätzlicheren Ebene eine weitere Ursache, warum wir alle eine solche übermäßige Betriebsamkeit an den Tag legen. Eigentlich sind wir nämlich, wenn wir die Sache aus einer gewissen Distanz betrachten, zunächst nur Menschen »i. G.«, also noch in Gründung begriffen. Wir sind allesamt Werdende. Das gilt für weitaus die Meisten von uns und sicher für die Gattung Mensch als Ganze. Wir sind ein sich entwickelndes Wesen. Wir sind auf dem Wege zu etwas, dem wir viele Namen geben können, und doch läuft es immer auf dasselbe hinaus: Bewusstsein, Blüte, Selbstverwirklichung, Nirwana, das irdische Paradies oder Gott. Auch ein Blinder mit dem Krückstock bemerkt, dass wir alles noch besser machen könnten, dass wir anders leben könnten, weiser, glänzender, bewusster, direkter. In unserer Seele liegt quasi eine Blaupause des Menschen verborgen, der wir sein könnten.

Aber dieser Mensch sind wir noch nicht, zunächst noch nicht. Daran lässt sich nichts ändern, außer dass wir geduldig zu leben fortfahren. Es ist lächerlich, zu einem fünfjährigen Kind oder einem fünfzehnjährigen Teenager zu sagen: »Beeil dich, sei jetzt mal erwachsen, jetzt sofort!« Jedes Menschenkind braucht Zeit, seine eigene Zeit. Es darf ruhig in seinem eigenen Tempo alle Prozesse durchlaufen, die es wachsen, reifen, blühen lassen. Und das gilt für jeden Menschen. Wir können in die Luft springen oder uns die Haare raufen – unsere innere Entwicklung braucht ihre eigene Zeit.

Wir können in die Luft springen oder uns die Haare raufen – unsere innere Entwicklung braucht ihre eigene Zeit.

Die darf sie auch haben. Es muss nicht alles sofort geschehen. Es ist schon eine Menge gewonnen, wenn wir uns hier und da, so ab und zu, ein wenig innere Ruhe gönnen können. So ab und zu unseren eigenen geheimen Palast betreten durch jenes Türchen im Baum und entdecken, dass dort so viel Raum ist – das ist etwas Herrliches. Sich kurz auf das Sofa fallen lassen, um einmal durchzuatmen. Und es ist der Gipfel der Gefühle, wenn wir uns einfach gehen lassen können und durch den wunderbaren Raum schlendern, durch unseren eigenen inneren Park wandern und uns der Länge nach in das sanfte Gras am Wasser legen können. Unsere Gedanken und Gefühle rascheln in unserem Inneren wie die Blätter an den Bäumen, sie funkeln auf den Wellen der Moortümpel, tschilpen wie Vögel, summen wie Insekten im Sonnenlicht – und doch ist alles von einer tiefen, tiefen Stille durchzogen.

Es hat eine eigenartig paradoxe Bewandtnis mit dem Streben nach innerer Ruhe. Wer nach etwas strebt, was immer es sein mag, hat noch nicht erreicht, wonach er strebt, und ist deswegen voller Unruhe. Wir können erst dann Ruhe finden, wenn wir aufhören zu streben.

Deswegen sind die zehn Gebote in diesem Buch mit einem gewissen Augenzwinkern formuliert. Es sind keine schweren steinernen Tafeln mit universellen ethischen Gesetzen, wie sie Moses vom Berg mitbrachte. Es sind lockere Reflexionen für moderne Menschen mit einem übervollen Terminkalender, die ihren Gedanken eine andere Richtung verleihen können. Sie regen vielleicht dazu an, die Selbstverständlichkeiten unserer gehetzten Kultur mit einem Fragezeichen zu versehen. Sie können dazu beitragen, dass Sie sich nicht länger verrückt machen lassen. Es sind Gedächtnisstützen, die Ihnen helfen können, den Wettlauf gegen die Uhr zu gewinnen – nicht indem Sie immer schneller rennen, sondern im Gegenteil, indem Sie verzögern. Auf jeden Fall können sie den Weg dorthin angenehmer machen und dafür sorgen, dass Sie den Prozess mehr genießen können. Dann können Sie sich einen Moment lang erholen und neue Kräfte, Widerstandskräfte, sammeln, bevor Sie wieder weitermachen.

Kapitel 1

Du sollst dich nicht zu Entscheidungen zwingen

Jedermann behauptet heute, dass wir uns entscheiden müssen. Eine bewusste Wahl treffen, so sagt man sogar.

Glauben Sie es nicht! Das Entscheiden ist in neun von zehn Fällen überflüssig, und beim zehnten Mal ist es meistens unwesentlich. Wirkliche Entscheidungen können Sie nur treffen, wenn die Möglichkeiten, zwischen denen Sie wählen können, gleichwertig sind. Wenn beide gleich gut sind. Und das ist nur sehr selten der Fall. Die Vorstellung, dass man den ganzen Tag über bewusste Entscheidungen, eine bewusste Wahl treffen muss, ist entsetzlich ermüdend und macht einen nur unruhig. Zum Glück ist das eine falsche Vorstellung. Sie brauchen nicht zu wählen, Sie brauchen nur zu entdecken, was zu Ihnen gehört.

Sie brauchen nicht zu wählen, Sie brauchen nur zu entdecken, was zu Ihnen gehört.

Ich selber habe es immer entsetzlich schwierig gefunden, eine Wahl zu treffen. Wie soll man wissen, was das Beste für einen ist?

In jungen Jahren hatte ich eine Art strenge Regel für mich selbst aufgestellt: Wenn ich nicht wusste, was ich tun sollte, dann entschied ich mich, das zu tun, wozu ich am wenigsten Lust hatte, das Unangenehmste, denn das war höchstwahrscheinlich das Beste. Das Angenehmste wäre der Weg des geringsten Widerstands gewesen. Manchmal funktionierte das (zum Beispiel bei Fragen wie: Soll ich nun mein Zimmer aufräumen oder bis zum Wochenende warten?), doch es gab natürlich auch etliche Situationen, in welchen alle Möglichkeiten eigentlich gleich unattraktiv waren und wo es nicht so deutlich war, mit welcher Tat ich meinen Charakter am besten stählen konnte.

Als ich das chinesische Orakelbuch I Ging entdeckte, stürzte ich mich deshalb dankbar darauf. Ab jenem Moment fragte ich bei allen möglichen und unmöglichen Gelegenheiten das I Ging, was ich tun sollte. Es lieferte mir manchmal überraschend klare Antworten. So fragte ich zum Beispiel mein Orakel: »Muss ich diese Beleidigung schlucken oder soll ich versuchen, es meinem Angreifer heimzuzahlen?« Die Antwort lautete: »Der Rückzug. So hält der Edle den Gemeinen auf Abstand, nicht zornig, sondern beherrscht.« Ah, wunderbar; ich brauchte also nichts zu tun, ohne dabei meine Selbstachtung zu verlieren. Das I Ging erlaubte es mir. Doch manchmal hatte ich nicht die geringste Ahnung, was der weise alte chinesische Philosoph eigentlich meinte. Soll ich den Termin absagen oder einhalten? »Der Strauch ist von solch einer Fülle, dass man in der Mittagsstunde die kleinen Sterne sieht. Er bricht seinen rechten Arm. Kein Makel.«

Wie bitte?

Danach hielt das Tarot Einzug in mein Leben. Herrlich, du ziehst einfach eine Karte aus dem Stapel und bekommst Rat. Der Tarot-Experte Hajo Banzhaf entwickelte eine wunderbare Methode, mit der sich echte Entscheidungsfragen lösen lassen, das »Entscheidungsspiel«. Sie legen sechs Karten fächerartig aus, drei unten, drei darüber. Dann bekommen Sie zu sehen, was geschieht, wenn Sie dieses oder jenes tun, und was geschieht, wenn Sie dieses oder jenes nicht tun. »Das Entscheidungsspiel trifft keine Entscheidungen für uns«, schreibt Banzhaf, »es kann natürlich nicht mit Ja oder Nein antworten.« Dennoch ist dies manchmal der Fall, denn es gibt fünf Karten, die eine Schlüsselbedeutung haben und uns sehr deutlich in eine bestimmte Richtung weisen. Ich war gerettet. Fortan konnte ich in schwierigen Entscheidungssituationen die Karten fragen, was ich tun sollte, notfalls so lange, bis eine der entscheidenden Schlüsselkarten an die Oberfläche kam.

Es ist etwas umständlich, immer mit einem Stapel Karten in der Tasche herumzulaufen, doch eine Münze haben Sie fast immer bei sich. Lange Zeit habe ich auftretende Entscheidungssituationen dadurch entschieden, dass ich schnell eine Münze in die Luft warf. Zum Beispiel in einer Umkleidekabine: Soll ich diesen Mantel nun kaufen oder nicht? Die Seite mit der Zahl sah auf den alten Guldenstücken ziemlich festlich aus, das bedeutete also ein Ja; ein Kopf, die Rückseite, repräsentierte den Verstand, das bedeutete also ein Nein. Es funktionierte gut. Wenn die Zahl oben lag und ich ein frohes Gefühl bekam, weil ich den Mantel kaufen durfte, war das Problem gelöst. Lag die Zahl oben und ich bekam dennoch ein unbehagliches Gefühl, so wurde mir klar, dass ich den Mantel eigentlich nicht wirklich haben wollte, und ich kaufte ihn nicht. Umgekehrt galt dasselbe: Bei Kopf, in Kombination mit einem zufriedenen Gefühl, hängte ich das Kleidungsstück zurück, Kopf mit einem starken Gefühl des Bedauerns bewies, dass ich es wahnsinnig gerne haben wollte.

Auf den ausländischen Euro-Münzen gibt es nicht immer einen Kopf. Zum Glück benötige ich die Münzmethode inzwischen nicht mehr. Ich brauche nämlich gar nicht mehr selbst zu wählen: Ich kaufe mir nur dann Kleidung, wenn sie absolut deutlich zu mir gehört. Damit will ich sagen: Wenn sie beim Anprobieren wie angegossen sitzt, wenn mein Körper mit einem Gefühl in der Art wie: »Ja, Mensch, wunderbar«, reagiert und ich eine leise Flüsterstimme in mir zu hören meine, die aus dem Kleidungsstück kommt und mir zuruft: »Nimm mich! Ich gehöre zu dir, ich gehöre an deinen Körper, mein Zuhause ist in deinem Kleiderschrank!« Beim geringsten Zweifel hänge ich das Kleidungsstück wieder zurück. Das spart mir Hände voll Geld, denn ich kaufe auf diese Weise viel weniger Kleider. Und alles, was ich kaufe, trage ich mit Wohlbehagen.

Es ist kein Wunder, dass sich Orakelspiele und -bücher in den letzten Jahren gut verkauft haben. Das moderne Dasein steckt voller Entscheidungsmomente, kleinen und großen. Soll ich das Fahrrad oder das Auto benutzen, um zur Arbeit zu fahren? Philosophie studieren oder Bauer werden oder beides? Waschpulver der Marke X, Y oder Z kaufen? Die Beziehung beenden oder ihm noch eine Chance geben? Zu Hause bleiben und für die Kinder sorgen oder arbeiten gehen? Wir dürfen das alles selbst entscheiden, nein: Wir *müssen* es alles selbst entscheiden. Wahlfreiheit bedeutet: Die Errungenschaft aus verschiedenen Entwicklungen wie Spezialisierung, Demokratie, Emanzipation und Wohlstand. Eigentlich ist es jedoch mehr ein Entscheidungszwang. Wir sind freie Individuen; wir haben unser Leben so einzurichten, wie wir es uns selbst aussuchen.

Wissenschaftler glauben, dass Menschen glücklich werden, wenn sie Entscheidungen treffen. In Ländern, in denen weniger Freiheit herrscht – wo ein Mann zum Beispiel Bauer wird, weil sein Vater schon Bauer war, und Ehepaare verheiratet bleiben, weil Scheidungen verboten sind –, sehen die Menschen im Durchschnitt ihr Leben mit düstereren Perspektiven als in Ländern mit weniger Traditionen und mehr Möglichkeiten für alle, vom ausgetretenen Pfad abzuweichen.

Sich entscheiden können, das muss gelernt werden, sagen die Experten. Wenn wir plötzlich viel Freiheit zur Verfügung haben, geraten wir durcheinander. Doch in dem Maße, wie wir lernen, die richtigen Entscheidungen zu treffen, ertragen wir auch die Freiheit besser. Jede neue Generation kommt auf diesem Weg ein Stückchen weiter voran. Sagen die Experten. Deswegen hören wir heute fortwährend Menschen behaupten, dass sie »sich bewusst entschieden« haben. »Mein Mann arbeitet und ich kümmere mich um die Kinder, das ist eine bewusste Entscheidung«, berichtet die Mutter, die ihre Stellung gekündigt hat. »Ich habe mich bewusst dafür entschieden, meine Kinder allein zu erziehen«, sagt die allein erziehende Mutter. »Wir haben kein Auto, das ist eine bewusste Entscheidung«, sagen die für die Umwelt Engagierten. Und andere: »Wir entscheiden uns bewusst für einen großen, Benzin saufenden Allradantrieb.« Obwohl, Letzteres habe ich eigentlich noch niemanden sagen hören. Einige Entscheidungen sind offenbar doch weniger bewusst ...

Inzwischen gibt es auch viele Menschen, die sehr lange zweifeln, bevor sie eine bewusste Entscheidung treffen können. Soll ich lieber den braunen oder den weißen Basmati-Reis nehmen? Sollen wir heute Abend ausgehen oder doch lieber zu Hause bleiben? Will ich in dieser Firma bleiben oder werde ich glücklicher, wenn ich mir eine andere Arbeit suche? Soll ich jetzt schon die Pille absetzen oder bis nach meiner nächsten Beförderung warten?

Ein wenig Zweifeln ist nicht schlimm, doch wenn dies in Grübeln ausartet oder wenn der Zweifel immer noch da ist, wenn eine Entscheidung gefallen ist oder sich sogar in ein Schuldgefühl verwandelt, dann haben wir ein Problem. In Amerika gibt es dafür sogar ein Wort: *choice paralysis* – Entscheidungslähmung. Die Wahlfreiheit ist so groß geworden, dass manche gelegentlich sogar tatsächlich wie gelähmt handeln. Sie sitzen zum Beispiel in einem Restaurant und haben sich gerade überlegt, dass Sie Appetit auf Ei haben. Die Bedienung fragt, wie Sie Ihr Ei haben möchten: gekocht, weich oder hart, als Spiegelei, mit intaktem oder zerlaufenem Dotter, als Sandwich mit Schinken oder mit Käse oder mit Ananas, als Rührei, pochiert oder vielleicht als belegtes Brötchen, als Omelett mit Käse oder Champignons oder als Omelett Grandmère oder vielleicht als Omelett à la maison oder gar Omelett naturel? Manche Kunden bringen dann kein Wort mehr heraus und können nur noch japsend antworten: »Bringen Sie irgendwas.« Die angebotene Überfülle wirkt lähmend.

Wir alle fühlen uns manchmal überrumpelt oder haben Angst davor, die falsche Entscheidung zu treffen. Kein Wunder, mit all den Hexen um uns herum, die uns ständig zuzischeln, was wir wählen sollen, um wirklich glücklich zu werden. Oft lautet die einfachste Lösung für dieses Problem: alle Möglichkeiten ergreifen, nicht Entweder-oder, sondern Sowohl-als-auch. Also nicht die schwarzen Schuhe oder die blauen, sondern das Paar schwarze und das blaue ebenfalls. Nicht arbeiten oder Kinder erziehen, sondern beides. Bei den Eiern im Restaurant ist das so nicht möglich – daher auch die Lähmung –, doch in vielen Fällen zeigt sich, dass es geht. Die Sache hat allerdings einen Haken: Über all den Anstrengungen, Entscheidungen zu umschiffen und alles zu wählen, wird unser Leben ziemlich ›dicht‹. Wir wollen arbeiten *und* Geld verdienen *und* Karriere machen *und* Fun haben *und* Kinder erziehen *und* alle wichtigen Filme sehen *und* alle Bücher lesen, die wir gelesen haben müssen (oder wenigstens die Rezensionen darüber), *und* die Sendungen im Fernsehen anschauen, die man gesehen haben muss, *und* die tonangebenden Illustrierten und die Zeitungen mit ihren Beilagen gelesen haben, *und* wir wollen in Urlaub fahren *und* Sport betreiben *und* fit bleiben *und* lecker kochen *und* möglichst häufig neue Kleider anziehen *und* auch noch abends mit einem netten Drink am offenen Kaminfeuer miteinander ein gutes Gespräch führen, um wieder ganz zur Ruhe zu kommen. Keuch, keuch. Wir sitzen noch nicht einmal vor dem Kamin und schon melden sich Zweifel: Hätte ich heute nicht mehr tun sollen, härter arbeiten, mehr Menschen anrufen, Bücher lesen, Hemden bügeln, meine Fitnessübungen absolvieren? Habe ich wohl den richtigen Partner gewählt, hätte ich nicht länger suchen sollen? Fehlt mir etwas, komme ich nicht zu kurz, habe ich mich selbst nicht zu sehr durch meine Entscheidungen eingeschränkt?

Im Lauf der Jahre entdeckte ich etwas Merkwürdiges. Bei allen wirklich wichtigen Entscheidungen kam mir keinen Bruchteil einer Sekunde der Gedanke, das I Ging oder das Tarot zu Rate zu ziehen, geschweige denn eine Münze zu werfen. Solche Entscheidungen traf ich einfach. Eine andere Arbeit suchen, schwanger werden, meine Beziehung beenden, ein Haus kaufen, zusammenziehen mit meinem Partner … Ich konnte jahrelang hin und her überlegen und grübeln über alles Mögliche, doch diese ganz großen Meilensteine in meiner Biografie ergaben sich einfach. Es war eigentlich nicht wirklich eine Entscheidung im Spiel. Als sich zeigte, dass ich genügend Geld hatte, um ein Haus zu kaufen – um ein Beispiel zu nennen –, war ich eine Weile unsicher, wo dieses Haus stehen sollte. In diesem Stadtteil oder in jenem? Ich schaute mir allerlei Häuser an und zerbrach mir nach Herzenslust den Kopf. Bis ich eines Tages im Prospekt eines Maklers auf das Foto eines Hauses stieß und irgendetwas tief in mir zu mir sagte: *Das ist es!* Ich radelte hin, und als ich vor dem Haus stand, wusste ich es genau: Dies würde mein Haus werden. Es war eigentlich schon mein Haus, auch wenn die damaligen Bewohner es noch gar nicht wussten. Es war gar keine Rede von irgendwelchen Zweifeln, das Tarot wurde nicht ausgepackt, das I Ging blieb zugeschlagen, ich zögerte keine Sekunde lang. Ja, mehr noch: Es fühlte sich gar nicht wie eine Entscheidung an. Dieses

Haus hatte die ganze Zeit auf mich gewartet und es war froh, dass ich endlich gekommen war. Dieses Haus und ich gehörten zusammen. Nicht *ich* hatte es ausgewählt, es war unsere Bestimmung, zusammenzufinden, und als dies dann geschah, war es gut. Alles, was ich danach über das Haus erfuhr, bestätigte dieses Gefühl nur noch mehr.

So ist es eigentlich mit allen wichtigen Entscheidungen in meinem Leben gewesen: Beziehungen, Arbeit, Wohnort – sogar dass ich mir einen Hund zulegen sollte, war keine bewusste Entscheidung. Der Entschluss war plötzlich einfach da, und ich wusste auch sofort, dass ich mir einen Hund aus dem Tierheim holen würde. Dort unternahm ich noch einen völlig nutzlosen Versuch, eine bewusste Entscheidung zu treffen und den nettesten Hund zu wählen. Doch der Hund, den ich am nettesten fand, weil er so lustig aussah, war nur in Kombination mit seinem Bruder zu vergeben. Aber zwei Hunde passten nicht in mein Leben. Zum Glück, denn ein paar Zwinger weiter saß Bella und wartete auf mich. Für mich bestimmt. Als Herausforderung, wie sich später zeigte. Als weiches Gemüt, das an Katzen gewöhnt war, musste ich in meiner geistigen und emotionalen Entwicklung einen gehörigen Sprung machen, um zum selbstsicheren Frauchen dieses eigensinnigen Tieres mit all seinen Eigenarten zu werden. Bella gehört wirklich zu mir, daran besteht kein Zweifel.

Nicht dass ich glaube, dass alles vorherbestimmt ist im Leben. Darum geht es nicht. Was ich sagen will, ist nur, dass nicht alles zu jedem passt. Es gibt ganz bestimmte Menschen, Häuser, Tiere und Jobs, die zu dir passen und zu sonst niemandem. Entscheidungen treffen zu wollen, ist dann eigentlich völlig deplaziert. Worum es geht, ist, dass Sie dahinterkommen, was zu Ihnen gehört.

Freiheit ist unabdingbar, weil Sie sich sonst möglicherweise ein Leben aufladen, das nicht zu Ihnen passt. Doch sich zwingen, Entscheidungen zu treffen, ist völlig überflüssig.

All die verschiedenen Möglichkeiten sind nämlich nicht für alle gleich gut geeignet. Zum einen passt dieses, zum anderen jenes. Wir bestehen doch nicht aus Kitt, den man in jede beliebige Form kneten kann. Wir haben einen Charakter, wir sind alle verschieden, alle einzigartig. Und zu jedem einzigartigen Menschen gehört auch eine ganz bestimmte Art von Leben, mit allem, was dazugehört. Wir brauchen also lediglich zu entdecken, wie wir beschaffen sind, um danach völlig selbstverständlich das zu tun, was zu uns passt. Wir brauchen nicht mehr zu wählen, wir brauchen keine Entscheidung zu treffen – es ist einfach das Beste, Punkt, aus.

Die Idee, dass wir eine Wahl treffen können, geht von der Unterstellung aus, dass alle Möglichkeiten gleich gut seien. Wir brauchen uns nur zu überlegen, welche uns die Angenehmste zu sein scheint, und die wählen wir dann. Doch wie bestimmen wir, was uns am Angenehmsten scheint? Das kann sich je nach Laune ändern: Was uns morgens nett erscheint, kann uns mittags langweilen und am Abend zum Hals heraushängen. Außerdem sind wir meistens mehr, als uns bewusst ist, von anderen beeinflusst: unserer Umgebung, unserer Erziehung und natürlich von den Reklamehexen. Viele Zweifler wissen tief in ihren Herzen schon längst, was sie am liebsten wollen würden, doch sie wagen es nicht einmal, es sich selbst zu beichten, geschweige denn der Außenwelt – aus Angst, jemanden zu verletzen oder aus Angst, sich in den Augen anderer lächerlich zu machen.

Was wir wollen, ist nicht immer verlässlich. Es kann am einen Tag etwas anderes sein als am anderen, es kann von dem beeinflusst sein, was wir zu wollen gelernt haben, wovon andere Menschen meinen, dass wir es wollen sollen, was unsere Eltern von uns erwarten, was unser Partner von uns fordert. Und davon haben wir gar nichts. Wenn Sie wissen, wer Sie sind, wissen Sie auch, was zu Ihnen passt.

Ob Sie eine richtig altmodische Mutter werden, die zu Hause sitzt und Kekse backt und Teelichtchen anzündet, oder ob Sie eine Karrierefrau sein wollen mit einem Kindermädchen zu Hause, oder ob Sie sich für ein freies Unternehmerdasein entscheiden (wobei Ihr Kind zu Ihren Füßen unter dem Schreibtisch spielt) – das ist keine Frage der freien Entscheidung. Sie sind durch Hunderte und Aberhunderte von Umständen gebunden, zum Beispiel Ihre Talente, Ihre Initiativfreudigkeit, Ihren Bemutterungsdrang, Ihre Ideale, Ihre Überzeugungen und Ihren Charakter. Ob Sie Ihr Geld für einen Allrad-Geländewagen oder für Solarzellen-Panels ausgeben, hat wenig mit bewusstem Entscheiden zu tun. Das Auto gehört zu der einen Art von Ambition, die Solarzellen zur anderen. Wer sind Sie, hier und jetzt? Sind Sie ein Solarzellenmensch oder ein Allradmensch? Das ist die entscheidende Frage.

Die wirkliche Frage lautet also nicht: Was will ich? Die wirkliche Frage lautet: Wer bin ich? Und die Antwort beinhaltet eine Einschränkung. Sie sind nicht alles, Sie sind nur, wer Sie sind.

Echte Wahlfreiheit ist die Freiheit, sich selbst freiwillig zu beschränken. Mein gutes altes I Ging drückt das so aus: »Durch das Setzen von Grenzen erlangt im menschlichen Leben das Individuum seine Bedeutung. Unbegrenzte Möglichkeiten sind nichts für den Menschen. Dadurch würde sein Leben nur ins Grenzenlose zerfließen.«

Du sollst dich nicht zwingen, eine Entscheidung zu treffen – du sollst dich von innerer Notwendigkeit antreiben lassen. Und was, wenn es keine innere Notwendigkeit gibt, die mich antreibt? Dann tun Sie einfach gar nichts, solange, bis dieser Impuls von innen doch auftritt. Betrachten Sie die Möglichkeiten, doch betrachten Sie vor allem sich selbst. Wenden Sie den Blick nach innen, um zu entdecken, wer das eigentlich genau ist, diese Person, die Sie sind. Warten Sie ruhig ab, bis aus dem Inneren eine Antwort erfolgt. Wenn Sie das tun, brauchen Sie nicht unsicher zu werden aufgrund der tausendundeinen Entscheidungsmöglichkeiten. Gönnen Sie sich eine Atempause, die Sie allerdings nicht mit Unschlüssigkeit verwechseln dürfen.

Gönnen Sie sich eine Atempause, die Sie allerdings nicht mit Unschlüssigkeit verwechseln dürfen.

Unschlüssig sind Sie, wenn Sie endlos jegliches Für und Wider gegeneinander abwägen, wenn Sie sich selbst mit Visionen all der Konsequenzen quälen, die eine Entscheidung für oder gegen etwas mit sich bringt, wenn Sie hundert Mal am Tag eine Wahl treffen und sie danach rasend schnell wieder verwerfen, sich dann für die andere Möglichkeit entscheiden, bis Sie auch diese wieder revidieren. Entschlusslosigkeit ist eigentlich: zu *viel* wählen, nicht zu wenig. Nichts zu tun bei Zweifeln hingegen bedeutet, dass Sie im Inneren still werden und Raum für etwas Höheres schaffen oder etwas Tieferes, um sich selbst die Informationen zu geben, die Sie brauchen. Geben Sie es einen Moment lang auf, übergeben Sie es, lassen Sie es los. »Schlafe eine Nacht darüber«, so sagen wir. Am Abend stellen wir uns noch einmal deutlich vor Augen, worum es sich handelt, und dann übergeben wir unser Problem unserem Unterbewusstsein, oder besser noch: unserem Überbewusstsein, unserem Schutzengel, unserem Führer oder unserem geistigen Begleiter – was am besten zu Ihnen passt. Am Morgen werden Sie dann häufig mit einer Antwort erwachen. Funktioniert es nach einer Nacht noch nicht, wiederholen Sie es dann noch eine Nacht, vielleicht noch eine weitere. Drei Nächte brauchen Sie manchmal für größere Entscheidungen. In der Zwischenzeit schieben Sie alles Grübeln von sich. Sie vertrauen darauf, dass Sie Hilfe und Rat erhalten.

Sie sind nicht unentschlossen – Sie sind noch mit Selbsterforschung beschäftigt und wollen keine voreiligen Schlussfolgerungen ziehen. Selbsterkenntnis ist die Basis des Selbstvertrauens. Und Selbstvertrauen ist die Basis der inneren Ruhe.

Sich entscheiden können bedeutet, dass Sie den Weg zu Ihrem eigenen Baum zu finden versuchen, indem Sie den schönsten Weg wählen, den am besten begehbaren Pfad, jenen Pfad mit den meisten Bänken oder dem strahlendsten Sonnenlicht. Doch: Wer sagt, dass dies der Weg zu Ihrem

Baum, zu Ihrem eigenen inneren Palast ist? Um die Tür ins Innere zu finden, brauchen Sie keine Entscheidung zu treffen. Es gibt nicht viele Türen – es gibt nur eine einzige.

Wandern Sie durch den Wald, spazieren Sie durch die Welt, die Sie umgibt, und genießen Sie sie. Doch starren Sie nicht blind auf sie. Finden Sie den Weg nach Hause.

Kapitel 2

Strebe nicht nach Wachstum

Man hat den Eindruck, dass heute jeder und alles immerzu nur wachsen will. Sobald unsere Wirtschaft ein wenig zu lahmen beginnt, rufen wir Zeter und Mordio: Rezession! Jeder Betrieb will wachsen, die Börsenkurse müssen steigen, und jeder will, dass sein Einkommen wächst. Sogar in spirituell orientierten Kreisen muss ständig gewachsen werden. Menschen kommen in »Wachstumsgruppen« zusammen, um möglichst viele »Wachstumsmomente« in ihrem »Wachstumsprozess« zu erleben.

Was für eine Unruhe, dieses fortwährende Streben nach Wachstum. Man muss sich ständig fragen: Wachse ich wohl schnell genug? Wird alles wirklich mehr in meinem Leben – bekomme ich wirklich mehr Geld, mehr Status, erreiche ich eigentlich mehr Weisheit, mehr Tiefgang, werde ich eigentlich immer mehr ich selbst? Wenn nicht, strenge ich mich offenbar nicht genügend an. Also los, weiterwachsen!

Dies ist verständlich, aber sehr vereinfachend gedacht. Verständlich, denn Wachstum ist lange Zeit für jeden von uns der wichtigste Auftrag gewesen – jedenfalls in unserer Jugend. Wachsen bedeutet größer werden, an Umfang oder Volumen zunehmen. Fast täglich werden wir an diese Pflicht zu wachsen erinnert: »Iss den Teller leer, davon wirst du groß und stark.« Und wir selbst wollten in der Regel auch nichts lieber als so rasch wie möglich groß werden, genauso groß wie unsere großen Brüder und Schwestern, genauso stark wie die großen Jungen und genauso gut aussehend wie die großen Mädchen. »Mein Gott, wie groß du geworden bist«, riefen Omas und Opas bewundernd aus. Dieser Auftrag, den wir als Kind erhalten haben, steckt uns noch tief in den Knochen. Wenn man jahrelang Respekt und Anerkennung ernten konnte durch nichts anderes als den natürlichen Wachstumsprozess, dann ist es logisch, dass man zu glauben beginnt, dass Wachstum eine gewaltige Leistung sei und dass man deswegen immer damit fortfahren müsse.

Wie ich schon sagte, diese Vorstellung hat auch etwas Naives. Lassen Sie uns kurz bei den Tatsachen verweilen.

Wachsen ist Größer-Werden. Doch in unserer Jugend, wenn wir ständig wachsen, brauchen wir nicht nach Wachstum zu streben: Es geht von selbst. Wenn dann irgendwann die Zeit kommt, da das automatische Wachstum vorbei ist, ist es im Allgemeinen auch keine gute Idee mehr, immer größer zu werden. Häufig ist es vernünftig, vorläufig ungefähr so groß zu bleiben, wie man ist. Manchmal wäre es sogar besser, ein Stückchen kleiner zu werden.

Dies gilt nicht nur für unseren Körperumfang, sondern es gilt für fast alle Aspekte des Lebens – inklusive unserer Bankkonten, unserer Beziehungen und vor allem unser Inneres. Größer zu werden bedeutet nämlich nicht immer dasselbe wie besser, stärker oder schöner zu werden. Größer-Werden und verfeinern bzw. vertiefen, das geht nur selten Hand in Hand. Wenn wir wirklich zur Blüte kommen wollen als Mensch, in der Entfaltung unserer Talente, in unserem Bewusstsein, unseren Beziehungen und unserer Arbeit, so dürfen wir auf keinen Fall ständig wachsen, manchmal müssen wir schrumpfen in Bezug auf Umfang oder Volumen, um der Reifung und der Blüte eine Chance zu geben, um unsere Energie dem Ziel der Verbesserung und Vertiefung zugute kommen zu lassen.

Ein Freund, ein Biologe, erzählte mir einmal Folgendes: Pflanzen wachsen nicht konstant, wenn alles normal verläuft. Der Prozess verläuft ungefähr so: Erst werden sie ein Weilchen immer größer, bekommen dickere Stängel und größere Blätter. Doch eine Pflanze, die immer weiterwächst, kommt nicht zur Blüte. Eine gesunde Pflanze dagegen wächst, nachdem sie ein bestimmtes Stadium erreicht hat, nicht mehr, sondern beginnt zu blühen. Wenn die Grundlage in Ordnung ist, kann diese Blüte lange andauern – denken Sie nur an die Rosen, die bis tief in den Herbst hinein neue Knospen ausbilden. Der Rosenstrauch als solcher wächst dann fast nicht mehr – bis zum nächsten Frühjahr.

So ist es auch bei den Menschen. Wachsen ist etwas Gutes in unserer Jugend. Wenn wir ausgewachsen sind, brauchen wir nicht mehr zu wachsen. Wir ändern uns zwar noch, wir entwickeln uns fortwährend weiter, doch unsere selbstverständliche »Wachs-Arbeit« ist beendet. Erwachsensein bedeutet: ausgewachsen sein. Auch unsere innere Entwicklung führt in einem bestimmten Moment dazu, dass wir nicht mehr größer werden, ja manchmal sogar kleiner,

Streben Sie nicht nach Wachstum, sondern nach Entwicklung.

bescheidener zum Beispiel, weniger besserwisserisch, mit weniger Sicherheiten, weniger Egotrips.

Streben wir dann dennoch weiter nach reinem Wachstum, dann läuft etwas gründlich schief.

Streben Sie nicht nach Wachstum, sondern nach Entwicklung.

Welcher Organismus würde ständig wachsen wollen? Nur die ganz primitiven. Für einen erwachsenen Menschen ist es äußerst ungesund, immer weiterzuwachsen. Natürlich können wir einwenden, dass wir noch nicht wirklich erwachsen sind, selbst wenn wir schon dreißig, vierzig oder fünfzig Jahre alt sind. Das ist eigentlich sogar ein romantischer Gedanke. Jacques Brel sang davon in einem schönen Chanson über zwei Liebende, die zusammen alt werden: *Finalement, finalement, il nous fallut bien du talent – pour être vieux sans être adultes.* Es hat uns schließlich doch einiges an Talent gekostet, alt zu werden und dennoch nicht erwachsen ... Aber Brel meinte mit erwachsen: steif verpackt in die Verhaltensnormen des Bürgertums, festgefahren und unbeweglich. Davor brauchen wir überhaupt keine Angst zu haben. Die bürgerlichen Verhaltensnormen haben sich ziemlich aufgelöst, sind verwässert, haben ihre Macht verloren. Wir sind heute freie Individuen in einem Land voller Wahlmöglichkeiten, und wir können einfach erwachsen sein, ab unserem zwanzigsten – meinetwegen unserem dreißigsten – Lebensjahr, und zu wachsen aufhören. Ein Mensch mit gesundem Menschenverstand (und wenn Sie dieses Buch lesen, sind Sie ein solcher) hört da nicht mit seiner inneren Entwicklung auf – im Gegenteil, er hört nur damit auf, zwanghaft größer zu werden. So kann er nun besser werden, schöner, interessanter, nuancierter, farbiger, tiefer, verfeinerter …

Immerzu wachsen ist gefährlich. Stellen Sie sich vor, dass Sie sich selbst vornehmen, jedes Jahr zehn Prozent an Umfang zu wachsen, wie es so viele Unternehmen tun … Dieses Jahr wiegen Sie zum Beispiel 60 Kilo, im nächsten Jahr wollen Sie 66 Kilo wiegen. Wenn Sie sich ein wenig mästen, ist das durchaus zu schaffen. Im nächsten Jahr bedeutet das 72,6 Kilo, und im vierten Jahr erreichen Sie fast 80 Kilo. Bevor Sie sich versehen, sind Sie zu einem Monster geworden. Viel besser wäre es, wenn Sie nach Ihrem zwanzigsten Lebensjahr nicht mehr allzu sehr zunähmen. Gut, gut, ein paar gemütliche Pfunde dazu um die Hüften dürfen Sie um Ihren Fünfzigsten herum schon haben, finde ich. Aber es ist viel natürlicher, wenn Ihr Gewicht – mit gewissen leichten Schwankungen – doch im Prinzip stabil bleibt, wenn Sie einmal erwachsen und ausgewachsen sind. Manchmal haben Sie sich vorübergehend zusätzliche Pfunde zugelegt, zum Beispiel wenn Sie gerade ein Kind geboren haben. Und manchmal nehmen Sie von selbst ab, wenn Sie einen großen Kummer oder eine Zeit der spannenden Verliebtheit durchleben. Doch im großen Ganzen bleiben Sie in derselben Gewichtskategorie. Und wenn Sie wirklich gesund alt werden wollen, wäre es besser, wenn Sie nach dem Erreichen eines bestimmten Alters sogar wieder leichter würden. Sie werden schließlich auch kleiner, Ihre Knochen werden häufig etwas leichter, und indem Sie weniger Fett mit sich herumschleppen, machen Sie sich das Leben auch ein Stück einfacher.

Das alles wissen wir nur zu gut. Die meisten Menschen, vor allem Frauen, haben den Auftrag, schlanker zu werden, tief in ihr Gewissen eingeprägt. Sie fühlen sich ständig schuldig, weil sie noch nicht genügend »rückwärts gewachsen« sind, also dünner und leichter geworden sind. Auf dem Felde unseres Körpergewichtes lautet das Gebot sogar: Wachse nicht! *Entwachse!* Werde weniger! Wenn Sie Frauen befragen, was sie am liebsten an sich selbst ändern würden, dann antworten die meisten: mein Gewicht.

Was für unser Gewicht gilt, gilt auch für unser Einkommen. Das Beste wäre, wenn es, nachdem es einmal einen »erwachsenen« Level erreicht hat, stabil bleiben würde. Es darf sogar ab und zu ein bisschen weniger werden, es darf schwanken. Es ist besser, wenn es nicht immer weiterwächst. Geschieht dies dennoch, dann werden Sie zu einer Art Geldmonster – so ein unersättlicher Topmanager, der mit drei Millionen Euro im Jahr noch nicht zufrieden ist. Eine schreckliche Vorstellung.

Selbstverständlich möchten Sie am Beginn Ihrer Karriere immer mehr verdienen, das ist logisch und natürlich. Und es ist auch herrlich, wenn Sie zum ersten Mal befördert werden und sich plötzlich allerlei Dinge erlauben können, die früher für Sie unerreichbar waren. Das ist Ihre »finanzielle Jugend«. Doch wie heute jeder weiß, wächst Ihr Glück nicht proportional mit Ihrem Einkommen. Sie können das grafisch als Kurve darstellen: Sehr schnell und rasch steigt nur die finanzielle Einkommenslinie an, die psychologische Glückslinie dagegen verharrt irgendwann auf dem erreichten Niveau. Sie werden nicht fünfmal so glücklich, wenn Sie fünfmal so viel verdienen

– wahrscheinlich sind Sie sogar überhaupt nicht viel glücklicher als zuvor. Nicht selten kommt es vor, dass Menschen ab einer bestimmten Einkommenshöhe sogar unglücklicher werden. Das Geld hat sie im Griff, und sie verlieren ihre innere Freiheit.

Umgekehrt stimmt es auch: Menschen, die aus irgendwelchen Gründen weniger Einkommen erhalten und damit leben lernen, berichten häufig nach einer gewissen Zeit, dass sich ihre Lebensqualität sogar dadurch verbessert hat. »Das Leben wurde viel mehr zum Abenteuer und zur Herausforderung«, schrieb mir eine Abonnentin der Zeitschrift *Genug,* die mir berichtete, dass ihr Mann nach einer plötzlichen Entlassung und einem Jahr Arbeitslosenhilfe eine weniger aufreibende, doch auch schlechter bezahlte Stellung bekommen hatte. »Wir haben gelernt, uns in Bezug auf unnötige Ausgaben einzuschränken, und haben gelernt, Zufriedenheit zu genießen.«

Meistens erfolgt ein Einkommensrückgang gezwungenermaßen aufgrund der Umstände. Aber wäre es nicht fantastisch, wenn wir uns selbst den Auftrag geben würden, etwas weniger zu verdienen, unserem Einkommen eine »Gewichtsabnahme« zu verordnen, uns in Bezug auf Geld an die Kandare zu nehmen? Was für eine herrliche Entspannung tritt dann sofort auf! Absichtlich weniger verdienen! Das bedeutet: Weniger hetzen und jagen, die Erwartungen anderer zu erfüllen, ohne dass einem dabei die Zunge aus dem Hals hängt, weniger Sitzungen und Besprechungen, weniger Probleme, weniger Stress, weniger Unannehmlichkeiten, mehr Ruhe, mehr Genuss, mehr Befriedigung.

Als Freelance-Journalistin hatte ich jahrelang meine Tätigkeit ständig ausgebaut, indem ich immer mehr und besser bezahlte Aufträge für immer mehr Medien annahm. Mein Einkommen wuchs und wuchs. Ich brauchte nie auf das Kleingeld zu achten und tat es auch nicht. Was ich hatte, gab ich wieder aus; es blieb nichts übrig, aber es war immer genug da. Einmal im Jahr erledigte jemand meine Buchhaltung und ich musste mich nicht jeden Monat selbst um die Zahlen kümmern.

Ein halbes Jahr nach Einführung des Euro dachte ich: Hoppla, mit dem Euro musst du offenbar doch besser aufpassen als vorher. Nicht dass ich mein Konto überzogen hätte, doch ich hatte so ein unbestimmtes Gefühl, dass es vielleicht doch besser wäre, etwas weniger auszugeben als zuvor. Eines Tages setzte ich mich hin und machte eine Aufstellung, was ich in diesem Jahr verdient hatte. Zu meinem Entsetzen kam dabei heraus, dass mein Umsatz um mehr als ein Drittel gegenüber dem Vorjahr gesunken war. Ein Drittel weniger – das ist ein gehöriger Rückgang. Hinzu kam noch der Euro-Effekt. Wie war es möglich, dass ich davon so wenig bemerkt hatte, dass ich die ganze Differenz dem Euro-Effekt in die Schuhe geschoben hatte? Und es kam noch besser, denn mein Umsatz ging weiter zurück. Die Rezession schlug in meiner Berufsgruppe voll zu.

Inzwischen stört mich das eigentlich nicht mehr. Ich verdiene zwar weniger, doch ich leide nicht darunter. Das ist also auch möglich! Ich bin offensichtlich zu intensiv mit Leben, Lieben und Arbeiten beschäftigt, um über Geldmangel zu klagen. Meine Liebesbeziehung inspiriert mich, nicht nur in emotionaler Hinsicht, sondern auch in meiner

Arbeit. Ich schrieb ein Buch über Geld und Gefühle, ein Buch über Sex und Liebe, ich beschäftigte mich mit dem vorliegenden Buch über innere Ruhe und habe schon wieder ein spannendes neues Projekt in der Pipeline. Bücherschreiben verlangt eine beträchtliche Investition in puncto Zeit und Energie und bringt nicht unmittelbar viel Geld ein, jedenfalls solange man keine Bestseller schreibt. Der direkte Gewinn liegt in der Erfüllung und Befriedigung auf der professionellen, emotionalen und geistigen Ebene.

Ich habe also nicht länger an Umfang zugelegt, so lautet die Schlussfolgerung. Ich habe angefangen zu blühen. Das hat mit Geld überhaupt nichts zu tun.

Immer mehr Geld zu verdienen, ist Wachsen. Blühen ist: Eine Transformation durchlaufen, ein Sprung, die eigene Energie nicht für immer mehr desselben, sondern für etwas anderes, Besseres, Interessanteres, Neues benutzen. Am Ende sind Sie stabiler und bleiben Sie gesünder, wenn Sie nicht auf Wachstum fixiert sind, sondern sich den Raum für das Blühen schaffen. Dies gilt nicht nur für Menschen, sondern auch für Unternehmen.

»Strebe nicht nach Wachstum« bedeutet natürlich nicht, dass Wachsen tabu ist. Es bedeutet nur, dass das wichtigste Ziel eines Unternehmens etwas anderes sein sollte als ständige Vergrößerung und zunehmender Gewinn. Heutzutage führt jeder das Wort im Munde, es sei entscheidend, was »unter dem Strich herauskommt«. Das bedeutet im Klartext: Du bist in Ordnung, wenn du viel Geld für deinen Chef und für dich selbst verdienst. Ein kümmerlicheres, armseligeres Ziel ist kaum vorstellbar. Und gesund ist es schon gar nicht.

Der amerikanische Forscher Jim Collins untersuchte die Geschichte von mehr als neunhundert Unternehmen in den Vereinigten Staaten über einen Zeitraum von dreißig Jahren hinweg. Es waren dreizehn dabei, die sich deutlich von allen anderen abhoben, die stabil und gesund geblieben waren, während alle anderen irgendwann in Schwierigkeiten geraten waren. Diese dreizehn Unternehmen erwiesen sich bei näherer Betrachtung allesamt als »wertorientiert« – das heißt, es drehte sich bei ihnen nicht um endlos wachsende Umsätze, sondern um die Qualität des Produktes oder der Dienstleistung, die sie erbrachten.

In letzter Zeit beginnt sich diese Erkenntnis auch in der breiten Öffentlichkeit durchzusetzen, dass nämlich finanzielles Wachstum als erstrangiges Ziel in einem Spannungsverhältnis zu Werten wie Qualität, Integrität und Stabilität steht. Misswirtschaft betreibende Topmanager, die sich ganz ungeniert bereichern und dann mit platinenem Händedruck verschwinden, sind keine Publikumshelden mehr. Wir entwickeln immer mehr Bewunderung für Menschen, die geradeheraus sagen, dass sie nicht wachsen wollen, sondern das Überwachen und Verbessern der Qualität als wichtiger empfinden.

Es gibt so viele Dinge, die wichtiger sind als Geld. In Betrieben und Unternehmen sind Faktoren wie Qualität, ein angenehmes Betriebsklima, in welchem sich die Mitarbeiter entfalten können, gute Kontakte zu den Kunden, Zulieferern und anderen damit Verbundenen unendlich viel wichtiger als ständig steigende Umsätze. Und in unserem persönlichen Leben sind Lebensqualität, Freiheit, Kreativität, Liebe, Freundschaft, Loyalität und Dankbarkeit allesamt unendlich viel wichtiger als Geld. Eigentlich wissen wir das sehr gut. Warum sollten wir dann also weiterhin eine ungebremste Einkommenssteigerung anstreben?

Was für unser Bankkonto gilt, das gilt auch für unser psychologisches und geistiges Konto. Es geht nicht darum, dass alles immer größer und schöner wird. Es gibt Zeiten, in denen wir lieber innehalten und mit Wachsen aufhören sollten, sodass etwas Schönes erblühen kann.

Mit dem Wachsen aufhören, sodass etwas Schönes erblühen kann.

Wenn Bauern ihr Gemüse dazu anstacheln, ständig weiterzuwachsen, indem sie zu viel Dünger oder Kunstdünger verabreichen, führt das zwar zu größeren Blättern, doch die Früchte sind auch wässriger und schaler im Geschmack. Es ist ein Turbowachstum, und das geht auf Kosten des Geschmacks. In unserer wachstumsversessenen Gesellschaft ist dies normal geworden. Gemüse und Obst aus der konventionellen Landwirtschaft schmecken schon lange nicht mehr so gut wie früher, sie mussten zu schnell wachsen, genau wie wir selbst. Nur alternative Bauern wissen noch, dass natürliches Wachstum besser ist und ein schmackhafteres Produkt ergibt. Für die große Masse muss alles so schnell wie möglich wachsen: nicht nur wir selbst, die Wirtschaft und unser Bankkonto, sondern auch die Pflanzen und die Tiere. Hühner wachsen sich buchstäblich kaputt, selbst Lachs wird heute so schnell wie möglich in tierfeindlichen Gewässern gezüchtet. Dadurch ist Lachs heute so billig. Und so fade im Geschmack. Dann werden alle möglichen künstlichen

Stoffe in der Nahrung notwendig, wenn wir noch etwas schmecken wollen.

Auch unser Leben wird fade, wenn wir immer weiterwachsen wollen. Und auch wir müssen dann alle möglichen Kunstgriffe heranziehen, um überhaupt noch etwas erfahren zu können.

Nein, zwanghaftes Wachstum ist nichts für erwachsene Menschen. Es geht um die Entwicklung. Jetzt könnten Sie möglicherweise einwenden: »Aber das meine ich auch, wenn ich von ›wachsen‹ spreche. Ich meine ›Entwicklung‹.« Wenn das so ist, dann sollten Sie Ihren Sprachgebrauch ändern und das richtige Wort verwenden. Wenn Sie nach Wachstum streben und dabei für sich selbst immer hinzufügen müssen, dass es nicht um ein Größer-Werden, sondern um etwas anderes geht, kann diese Botschaft nie rein ankommen, da drinnen. Streben Sie nach Entwicklung!

Sie können sich immer weiterentwickeln. Das kann bedeuten, dass Sie bisweilen etwas weniger werden, etwas weniger verdienen, ein wenig magerer werden, ein bisschen weniger in den Vordergrund treten, einen kleinen Schritt rückwärts machen, verzögern, vertiefen. Entwicklung ist nicht nur natürlicher und gesünder, es ist auch eine viel interessantere Bewegung als nur das reine Wachstum. Es gibt Raum für langsames Reifen, für das Blühen und das Abwerfen der Früchte. Und es gibt Raum für Ruhe, für Stillstand. Stillstand ist keineswegs ein Rückschritt, wie das Klischee es will. Im Gegenteil: Stillstehen, bei einer Sache innehalten, gibt Ihnen die Möglichkeit, durchzuatmen, sich zu entspannen, etwas zu verinnerlichen, sich setzen zu lassen, was sich ereignet hat, und Energie zu sammeln für den nächsten Schritt.

Dem niederländischen ›Guru‹ Alexander Smit wurde einmal aus dem Publikum folgende Frage gestellt: »Wie verhält es sich eigentlich mit all den Menschen, die überhaupt nicht wachsen, sich nicht mit Spiritualität abgeben, die eigentlich einen Stillstand erreicht haben und damit ihr Leben vergeuden?« Smit gab eine wunderbare Antwort: »Wenn es Winter ist«, sagte er, »sagen Sie doch auch nicht zu den Bäumen, dass sie ihr Leben vergeuden. Vielleicht ist es gerade Winter für diese Menschen. Und danach kommt der Frühling.«

Wir sind wie Bäume. Wir sollen nicht ohne Ende immer nur wachsen. Manchmal wachsen wir stürmisch, manchmal erblühen wir in Tausenden von Blüten, manchmal lassen wir die Blätter fallen – und manchmal scheint alles still zu stehen. Das ist gesunde Entwicklung.

Kapitel 3

Erlege dir selbst und anderen keine Verbote auf

Hoppla, was soll das jetzt heißen? Keine Verbote? Aber das ist doch ein Verbot! Es ist also verboten, etwas zu verbieten. Und das nach »Zwinge dich nicht zu Entscheidungen« und »Strebe nicht nach Wachstum«! Außerdem, die biblischen zehn Gebote waren beinahe alle Verbote. Du sollst keinen anderen Gott haben, nicht stehlen, nicht töten, nicht lügen, nicht eifersüchtig sein …

Genau. Und was haben wir als Menschheit getan, seit Moses mit seinen Steintafeln vom Berg herunterkam? Wir haben uns im Staub gekrümmt vor Abgöttern, nach Idolen gegeifert und mit goldenen Kälbern geliebäugelt, unsere Mitmenschen in Scharen über die Klinge springen lassen, gelogen und gestohlen, bis sich die Wände bogen, und einander unablässig das Weiße im Auge nicht gegönnt. Der Befehl, etwas nicht zu tun, führt zum Gegenteil, das ist so klar wie Fleischbrühe.

Es hat eine eigenartige Bewandtnis mit den Begriffen ›nicht‹ und ›kein‹ – sie existieren eigentlich nicht wirklich in unserem Bewusstsein. Das ist eigentlich logisch, wenn man darüber nachdenkt. ›Nichts‹ existiert lediglich dank ›etwas‹. Nichts ist ein ›Nicht-Etwas‹. Zuerst muss etwas da sein, dann kann man erst sagen, dass es nicht besteht. Wir rufen etwas in unserem Gehirn hervor und geben ihm daraufhin den Auftrag, zu verschwinden. Doch das Hervorgerufene verschwindet nicht spurlos, es hinterlässt ein Phantombild, einen Eindruck, einen Abdruck. Und unsere Aufmerksamkeit richtet sich automatisch auf das, was vorhanden ist, also auf dieses Phantombild.

Denke nicht an ein weißes Pferd, sagt jemand, und was tun Sie?

Das menschliche Denken ist einfach nicht darauf programmiert, ›nichts‹ zu verarbeiten. Denke nicht an ein weißes Pferd, sagt jemand, und was tun Sie? Sie denken sofort an ein weißes Pferd. Sie können gar nicht anders, es vollzieht sich unwillkürlich. Ein ausgesprochenes Wort ruft sofort ein damit korrespondierendes Bild hervor. Das Bild von einem weißen Pferd ist geschaffen, sobald Sie das Wort zu sich eingelassen haben. Und jetzt versuchen Sie mal, dieses Bild danach wieder wegzubekommen. Je stärker Sie es probieren, je mehr Energie Sie hineinstecken, desto mehr Kraft erlangt das Bild und umso hartnäckiger taucht es immer wieder in Ihren Gedanken auf.

Ein anderes Beispiel: Vor Ihnen liegt das blaue Meer. Es gibt fast keine Wellen und der Himmel ist durchscheinend blau, wolkenlos. Mitten in diesem leeren Blau treibt eine rote Boje. Versuchen Sie jetzt einmal, nicht auf diese Boje zu blicken, sondern mit Ihrer Aufmerksamkeit bei dem endlosen Blau zu bleiben. Unwillkürlich richtet Ihr Blick sich immer wieder auf diese Boje. Dieselben Beobachtungen habe ich bei Wanderungen durch die Natur gemacht. Wenn alles grün ist und da liegt plötzlich ein zerknülltes Stück weißes Papier, ein Fähnchen von einer

Schnitzeljagd oder eine orange Plastikflasche, dann können Sie Ihre Augen einfach nicht davon abwenden.

Bei kleineren Kindern kann man das noch sehr deutlich wahrnehmen. Ein Kleinkind balanciert auf einem Mäuerchen. »Nicht springen, hörst du«, mahnt die besorgte Mutter, und hopps, das Kind springt. Größere Kinder können der Versuchung vielleicht bereits widerstehen, doch ein Verbot ruft unweigerlich die Neigung hervor, etwas nun erst recht zu tun. Gehen Sie deswegen auch besonders sorgfältig mit dem um, was Sie zu kleinen Kindern sagen. »Du darfst nicht einfach so auf die Straße rennen«, ist unter Umständen ein lebensgefährliches Verbot. »Du darfst den Gehweg nicht verlassen«, ist schon besser, aber noch sicherer wäre: »Immer schön auf dem Gehweg bleiben«, oder »Am Rand bitte warten.« Formulieren Sie alle Verbote positiv – die, die Sie anderen gegenüber aussprechen, und die, die Ihnen selbst gelten.

In der Pädagogik ist schon lange bekannt, dass das Belohnen guten Verhaltens besser funktioniert als die Bestrafung falschen Verhaltens. Strafe hinterlässt immer einen Eindruck, und die Verfehlung, die die Strafe ausgelöst hat, folglich ebenso. Kinder, die ständig bestraft werden, werden immer ungezogener. Sie wissen es nicht besser, sie haben einfach nichts anderes im Sinn als Ungezogenheit. Die beste Methode, dafür zu sorgen, dass ein Kind sich gut benimmt, besteht darin, das gewünschte Verhalten zu loben und zu belohnen. Deswegen wird dieses Verhalten immer schärfer in die Seele des Kindes eingeprägt.

So funktioniert es nicht nur bei Kindern, so funktioniert es auch bei Erwachsenen.

Wenn Sie sich selbst ein strenges Verbot auferlegen, führt dies garantiert zu einem enormen inneren Ringen. »Ich darf heute keine Schokolade essen«, sagen Sie sich, und das Bild der Schokolade gräbt sich tief in Ihr Gehirn ein. Je häufiger Sie das Verbot wiederholen, umso deutlicher sehen Sie die herrlichen Bonbons vor sich, die Sie im Schrank liegen haben, oder jenes verführerische, dicke Stück Haselnussschokolade. Verbieten Sie sich, fernzusehen und Sie können an nichts anderes mehr denken. Das, was Sie als Fehler brandmarken, wird aufgrund all dieser Aufmerksamkeit immer größer und stärker, und es beginnt zurückzuschlagen. »Die beste Methode, das Böse zu bekämpfen«, sagt das I Ging, »ist: energisch Fortschritte beim Guten zu machen.«

Fixieren Sie sich nicht auf das, was nicht da ist, und vor allem nicht auf das, was nicht da sein sollte, sondern auf das, was vorhanden ist. Sagen Sie Ja.

Fixieren Sie sich auf das Vorhandene. Sagen Sie ja.

Der Direktor der *Humanitas* in Rotterdam, Hans Becker, hat in seiner Organisation eine Ja-Kultur eingeführt. *Humanitas* baut altersgerechte Wohnungen, in denen die alten Menschen so lange wie möglich bleiben können und die quasi mit den veränderten Bedürfnissen mitwachsen; sie sind so beliebt, dass lange Wartelisten existieren. Was ist eine Ja-Kultur? Wenn jemand eine Frage stellt, lautet die Antwort immer Ja. Darf ich meinen Hund mitbringen, wenn ich hierhin ziehe? Ja. Ist es in Ordnung, wenn meine Enkelkinder ab und zu bei mir übernachten? Ja. Kann ich künftig bis elf Uhr ausschlafen, statt um acht Uhr zu frühstücken? Ja.

Ist es möglich, in diesem Zimmer ein Waschbecken zu montieren? Ja. Sollen wir die Organisation anders strukturieren? Sagen Sie nur, was Ihnen vorschwebt, und wir werden es probieren.

»Sie dürfen nicht nachdenken und Sie dürfen nichts anderes sagen als Ja«, berichtete Becker in einem Interview. »Wir fangen einfach ganz unkoordiniert mit der jeweiligen Planung an, und erst nach drei Wochen dürfen Sie anfangen nachzudenken und Nein sagen.« Es hat der Organisation nicht im Geringsten geschadet.

Becker hat mir seine Prinzipien in einem Interview einmal erläutert: »In einer solchen Organisation wie dieser herrscht die Tendenz, bei allem zu sagen: Das geht nicht, das ist nicht erlaubt, dafür haben wir leider kein Geld – die bekannten Klagelieder. Ich habe gesagt: Daran müssen wir etwas ändern, wir müssen zu einer Ja-Kultur kommen. Die Controllerin der Klinik kam vor kurzem auf mich zu und sagte: ›In dem Jahr, bevor Sie gekommen sind, hatten wir einen Verlust von fast eineinhalb Millionen Euro; und nun haben wir nach drei Jahren viereinhalb Millionen übrig. Alles ist möglich, Sie hören nicht einmal zu, Sie rufen sofort: ›Ja, das ist prima!‹ Früher schafften wir es nicht einmal, in einem Gruppenraum ein Waschbecken zu installieren, denn darüber musste zwei Nachmittage lang diskutiert werden und am Schluss war kein Geld dafür da; und jetzt reicht es immer, ja wir behalten noch etwas übrig. Wie ist das möglich?‹ Ich habe ihr dann erklärt: ›Schauen Sie, dieses Waschbecken kostet vierzig Euro, bis es montiert ist, kostet es vierhundert Euro, denn der Klempner lässt es einmal herunterfallen, schließt den Wasserhahn falsch an, es gibt eine große Lache auf dem Boden, man muss den Teppichboden erneuern, kurz, es kostet immer etwa zehnmal so viel. Wenn Sie also nicht nachdenken und sofort Ja sagen, kann dieses Waschbecken für vierhundert Euro montiert werden. Wenn Sie aber zu viert einen Nachmittag lang bei einem Stundenlohn von fünfundzwanzig Euro darüber reden – und man kann sich endlos damit aufhalten, wie Sie wissen –, dann haben Sie das Waschbecken schon verloren, bevor es an der Wand hängt. Das ist die Erklärung auf der Mikroebene. Auf der Makroebene müssen Sie sich fragen: Was sind bei uns die Kosten? Die stecken nicht in diesem Waschbecken oder einem Keks mehr oder weniger zum Tee oder in der Schlagsahne oder dem Eierlikör, sondern in der Arbeit. Wenn Sie also eine Nein-Kultur pflegen und jeder wird immer frustrierter und meldet sich ab und zu ein paar Tage lang krank, so kostet Sie das unter dem Strich viel mehr Geld. Als ich hier anfing, lag die Ausfallquote durch Krankheit bei vierzehn Prozent. Jetzt ist sie auf unter acht Prozent gesunken. Und zwei Prozent sparen uns fast eine halbe Million.«

Später habe er sich noch Folgendes klargemacht, ergänzte er: »Eigentlich ist eine Ja-Kultur nicht ausreichend. Es muss eine Ja-Kultur und zugleich eine Hurra-Kultur geben. Alles muss von Herzen kommen.«

Es ist ohnehin viel vernünftiger, unsere Energie in die Bereiche unseres Lebens zu stecken, die gut laufen, und nicht in unsere Probleme.

Vor längerer Zeit sah ich einmal einen brillanten Cartoon. Auf dem ersten Bild sah man einen prall gefüllten Sack mit der Aufschrift »Die Probleme«. Auf dem nächsten Bild warf eine Hand, auf deren Manschette das Wort tigt man sich zum Beispiel mit unterernährten Kindern. Irgendwann in den achtziger Jahren fragten sich einige Pioniere, wie es sich eigentlich erklären ließ, dass manche Kinder in armen Gemeinschaften normalgewichtig waren und offenbar gut ernährt wurden. Ihre Familien waren genauso arm wie alle anderen, was machten ihre Mütter also anders? Jerry und Monique Sternin, die an der Spitze der Organisation *Safe the Children* standen, setzten das Prinzip der *Positive Deviance* in Vietnam in die Praxis um. Zwei Drittel der Kinder in den Dörfern, die sie besuchten, waren unterernährt, doch manche der ärmsten Kinder bekamen dennoch genug zu essen. Es stellte sich heraus, dass die Mütter dieser Kinder kleine Garnelen und Krabben in den Reisfeldern fingen, die sie ihren Kindern zu essen gaben. Außerdem fügten sie dem Menü grüne Blätter bestimmter Pflanzen zu, die andere Dorfbewohner nicht als gesunde Nahrung betrachteten, was jedoch ein Irrtum war. Als dieser Zusammenhang ans Licht kam und die anderen Familien die Informationen über die ›positiv abweichenden‹ Mütter erhalten hatten, konnte die Unterernährung in diesen Dörfern innerhalb von zwei Jahren um 85 Prozent gesenkt werden.

Probleme sind geradezu süchtig nach Aufmerksamkeit – aber schenken Sie Ihre kostbare Aufmerksamkeit lieber den Lösungen. Investieren Sie in das, was schief geht, und es wird immer mehr schief gehen. Investieren Sie in das, was gut geht, und immer mehr wird gut gehen. Und wenn es wirklich und nachweislich keine Lösung gibt, so lenken Sie Ihre Aufmerksamkeit auf den Rest Ihres Lebens, dorthin, wo das Problem nicht ist.

Dies ist keineswegs ein Plädoyer dafür, die Probleme zu leugnen oder zu verdrängen. Was am besten funktioniert, ist Folgendes: Sie sehen das Problem, Sie stellen es ganz deutlich vor sich hin, Sie leugnen nichts und Sie sind so ehrlich, wie Sie nur können, und wenn Sie nicht wissen, wie Sie es lösen können, dann gestehen Sie sich dies auch ganz deutlich ein. Und dann legen Sie das Problem zur Seite, als ob Sie ein zu enges Stirnband abnehmen und auf den Nachttisch legen würden. Sie geben es auf, Sie lassen es los. Und Sie warten ab. Früher oder später kommt die Lösung von selbst auf Sie zu – als eine Art inneres Wissen, und diesmal ohne Zweifel oder Grübeln – oder wie ein Ereignis von außen. Es ist eine Art kosmisches Gesetz, dass alles, was bewusst gemacht wird, quasi sich selbst auf die Suche nach einer Lösung begibt. Das Leben im Licht des Bewusstseins tendiert stark zu Harmonie, zu Erfolg. Nur das, was im Dunkel bleibt, was nicht gesehen werden darf, was wir verdrängen und unterdrücken, bleibt ein Problem.

Angesichts der Tatsache, dass bewusst gemachte Probleme sich gewissermaßen selbst auf die Suche nach einer Lösung begeben, ist das Einzige, was uns noch zu tun bleibt: diesem Prozess nicht im Wege stehen. Treten Sie einen Schritt zur Seite, um der Lösung, die sich naht, nicht den Weg zu versperren. Machen Sie ihr Platz, indem Sie still und aufmerksam wahrnehmen, was geschieht.

Verbieten Sie sich nicht einmal, zu zweifeln, zu grübeln oder sich den Kopf zu zermartern. Wenn Sie mitten in der Nacht wach liegen, und das große Grübeln hat Sie in seinen feuchtkalten Krallen, versuchen Sie dann nicht einmal, damit aufzuhören. Nein, setzen Sie etwas an seine Stelle: Richten Sie Ihre Aufmerksamkeit auf Ihren

Körper, zum Beispiel. Spüren Sie Ihre Füße, Ihre Beine, Ihren Rumpf, Ihre Arme, Ihren Kopf, achten Sie auf Ihre Atmung, entspannen Sie sich und erleben Sie Ihren eigenen Körper von innen heraus. Spüren Sie, dass es in Ihnen vor lauter Leben kribbelt, bis in Ihre Zehen und Ihre Fingerspitzen hinein. Lenken Sie die Aufmerksamkeit auf all das Gute in Ihrem Leben, und das Gute wird wachsen und wachsen, so lange, bis es all das weggeschoben hat, was nicht gut war. Sie können nicht Ihren Körper genießen und gleichzeitig grübeln.

Formulieren Sie also alle Verbote, die Sie in Ihrer Seele mit sich herumtragen, um. »Nicht grübeln« wird zu: *Meditieren über dieses subtile, leicht kribbelnde Körpergefühl.*

»Nicht zu viel Geld ausgeben« wird zu: *Mehr Aufmerksamkeit verwenden auf Freude an der Arbeit, intime Beziehungen und das Genießen all der Ungreifbarkeiten in Ihrem Leben.*

»Heute keine Schokolade essen« ersetzen Sie durch: *Mit Genuss in ein leckeres Stück Vollkornbrot mit Käse beißen und eine knackige Möhre zwischendurch.*

»Nicht fernsehen« transformieren Sie zu: *Ein spannendes Buch lesen, ein ungezwungenes langes Telefonat mit Freunden, sich endlich die Zeit nehmen, ein Tagebuch zu führen.*

»Sich nicht zu Entscheidungen zwingen« wird zu: *Das tun, was zu Ihnen gehört, weil Sie der Mensch sind, der Sie sind.*

»Nicht nach Wachstum streben« formulieren Sie um zu: *Sich vom Leben erzählen lassen, wann es Zeit ist für Wachstum und wann es Zeit ist für Ruhe oder wohltuenden Stillstand.*

Kapitel 4

Setze dir nur Ziele, die heute noch zu erreichen sind

Coaches, Berater, Trainer und all die anderen modernen Experten sagen häufig, man müsse ein deutliches Ziel vor Augen haben und danach die Route ausarbeiten, die zur Erreichung dieses Zieles führt. Wo wollen Sie stehen in drei Jahren, in fünf Jahren, in zehn Jahren? »Setzen Sie sich ein Target«, sagen sie. Sie müssen wissen, was Sie wollen, und dann zielbewusst daran arbeiten. »In drei Jahren muss ich meine erste Filiale eröffnet haben.« – »In fünf Jahren möchte ich einen Umsatz von einer Million erreicht haben.« – »In zehn Jahren höre ich auf zu arbeiten.« Dies gilt nicht nur für das Arbeitsleben, es lässt sich auch im Bereich der persönlichen Vorsätze anwenden: »Innerhalb eines Monats muss das Haus renoviert sein.«

»Nächstes Jahr möchte ich Weihnachten nicht allein feiern, sondern mit einer/einem neuen Partner/in unter dem Weihnachtsbaum sitzen.« – »Wenn ich noch zweimal befördert worden bin, schaffen wir uns Kinder an.«

Sehr unklug, sich solch langfristige Ziele zu setzen.

Zum einen wissen wir überhaupt nicht, was uns das Leben bringen wird – nicht einmal in einem Monat, geschweige denn in fünf oder zehn Jahren. Wir wissen nicht im

Wir wissen nicht im Voraus, was wir für unsere Entwicklung benötigen.

Voraus, was wir für unsere Entwicklung benötigen. Hätte mich jemand als Dreißigjährige gefragt, wie ich mir mein Leben in fünf Jahren vorstellte, hätte ich niemals folgende Antwort gegeben: In fünf Jahren möchte ich in einer tiefen seelischen Krise stecken, so schlimm sogar, dass ich vorübergehend arbeitsunfähig werde, dass ich monatelang jeden Tag mindestens eine Stunde heule, mit meiner Familie breche und fast all meine Freunde verliere. Und dennoch ist es genau das, was geschah, als ich etwa fünfunddreißig war, und es war genau das, was ich brauchte. Aus dieser Krise ging ich sprichwörtlich wie der Phönix aus der Asche hervor. Ich hatte das Gefühl, als trete ich aus einer Theateraufführung heraus und könne endlich mit dem echten Leben beginnen. Doch so etwas denkt man sich nicht im Voraus aus. Wenn ich mir ein Etappenziel hätte ausdenken müssen, hätte dies zum Beispiel folgendermaßen gelautet: In fünf Jahren möchte ich eine feste Anstellung als Redakteurin bei einer Zeitschrift erreicht haben und möchte verheiratet sein. Dann hätte ich alles für mich nur noch schwieriger gemacht. Es hätte meine Krise nicht verhindert – sie wäre dennoch ausgebrochen. Es hätte dem Prozess nur im Weg gestanden, hätte ihn vielleicht verzögert, und ganz gewiss hätte es ihn verschlimmert.

Nun ist das zwar ein sehr dramatisches Beispiel, doch es kommt sehr häufig vor, dass Ereignisse, die wir nicht gesucht und gewollt haben, sich später gerade als heilsam erweisen. So hatte ich einmal eine feste wöchentliche Kolumne bei einer Tageszeitung. Ich fand diese Arbeit herrlich, ab und zu bekam ich Kritik von Lesern und häufig Lob. Das Honorar war auch sehr wichtig, denn es machte ungefähr ein Drittel meines Gesamtumsatzes aus. Eines Tages fand ich, dass ich einmal selbstbewusst sein und um eine Gehaltserhöhung nachsuchen sollte. Ich hatte schon zwei Jahre lang treu jede Woche eine Kolumne abgeliefert, war niemals auch nur einen Tag krank gewesen und hatte allmählich das Recht auf eine Erhöhung, nicht wahr? Ich führte ein Gespräch mit dem Chefredakteur. Zu meiner Überraschung bewegte sich dieses Gespräch in eine völlig andere Richtung, als ich erwartet hatte. Behutsam machten der Chefredakteur und sein Assistent mir deutlich, dass sie nicht zufrieden waren. Meine Kolumnen würden zunehmend zu abgehoben und zu spirituell für ihr Blatt, meinten sie. Sie verstanden mich nicht mehr. Der Jahresvertrag war einmal verlängert worden, doch eine zweite Verlängerung kam nicht mehr in Betracht. Kurzum, ich wurde vor die Tür gesetzt! Ich war bis ins Mark schockiert, und es kostete mich Wochen, um mich seelisch von diesem Schlag zu erholen. Ich bekam sogar einen Bandscheibenvorfall und lag bei der Physiotherapeutin auf dem Massagetisch und stöhnte vor Elend und Selbstmitleid.

Ein Jahr später stellte ich fest, dass, professionell ausgedrückt, die Entlassung tatsächlich das Beste war, was mir zustoßen konnte. Es schien, als hätte meine Karriere eine homöopathische Medizin verabreicht bekommen, und nun erlebte ich die so genannte ›Erstverschlechterung‹: Meine Karrierekurve knickte kurz ein, um danach steil anzusteigen. Nach dem Selbstmitleid war frische Energie in mich eingezogen. Ich hatte neue Auftraggeber gefunden und befand mich nun in einer Position, in der ich Artikel für andere Zeitungen mit mehr Prestige schreiben konnte. Mein Einkommen war gestiegen und ich hatte mich also, alles in allem, gehörig verbessert. (Wieder ein paar Jahre später, als ich meine Kolumnen von damals noch einmal las, musste ich der Redaktion übrigens Recht geben; die Texte waren eigentlich zu behaglich, zu sensibel für eine Tageszeitung.)

Fast jeder bekommt im Laufe seines Arbeitslebens wohl derartige Erfahrungen zu verarbeiten. Es geschieht etwas, was man zunächst als Katastrophe ansieht, doch später erweist es sich eher als Segen. Oder als ein enger Durchgang zu einem weiteren Raum. Wie sollte man so etwas planen können? Es geht nicht. Also können Sie auch nicht Ihre Karriere im Voraus minutiös ausarbeiten und genau angeben, wo Sie in drei oder fünf oder zehn Jahren stehen wollen. Viel weiser ist es, sich nur etwas zum Ziel zu setzen, das man am selben Tag noch erreichen kann.

Natürlich vereinbaren Sie langfristige Termine und schließen Verträge. Unsere Terminkalender sind gefüllt mit Projekten, die in der Zukunft liegen, das ist unabdingbar. Doch die Frage lautet: Wie gehen Sie damit um? Wie übertragen Sie diese Ziele in Ihr tägliches Leben? Mein Rezept lautet: Ich spalte jedes Ziel in passgerechte Tagesportionen auf. Und auf diese Portionen konzentriere ich meine Aufmerksamkeit. Mit dem Endprodukt selber beschäftige ich mich aktiv nicht, bis es sehr nah gekommen ist. Es steht gewissermaßen im Hintergrund und wartet, und ich weiß, dass es da ist. Ich grüble nicht darüber nach, denn ich habe heute etwas Konkretes zu tun.

Nehmen wir an, ich schreibe ein Buch. »In drei Monaten muss ich dieses Buch fertig haben«, das ist ein Vorsatz, der innere Unruhe erzeugt. Die Vorstellung all der leeren Seiten, die noch vollgeschrieben werden müssen, kann einen Menschen total blockieren. Mindestens drei Monate lang verderbe ich mir selbst dann die Chance auf innere Ruhe, denn die ganze Zeit über gibt es etwas, was noch nicht fertig ist. Also zerschneide ich es in Tageseinheiten. »Heute will ich dieses Kapitel in den Grundzügen festlegen«, das ist zu schaffen. Oder: »Heute will ich fünf Stunden lang an meinem Buch arbeiten.« Wenn ich das geschafft habe, bin ich am Abend zufrieden mit mir selbst. Und am nächsten Tag setze ich mir wieder ein Teilziel. Tag für Tag arbeite ich an meinem Buch, bis es eines Tages fertig ist.

So kann man es mit allen Zielen und Vorsätzen handhaben. »Heute stehe ich mit einem Lächeln in meinem Laden.« – »Heute nehme ich mir meine Steuererklärung vor.« – »Heute streichen wir die Hälfte der Treppe.« – »Heute schalte ich eine Kontaktanzeige.«

Mein Sohn las in der Schule einmal Texte von Seneca, dem römischen Philosophen. Seneca war der Ansicht, dass die Römer kein Recht hätten, auf ihre Sklaven herabzublicken, weil eigentlich jeder von uns Sklave von irgendetwas ist: Viele sind Sklaven der Raffgier oder der Wollust, alle sind wir Sklaven der Hoffnung, alle Sklaven der Angst. Wir sprachen während des Abendessens darüber, wie üblich gab es Wein, hinterher Kaffee, dazu ein Stückchen Schokolade. Mein Sohn machte die Bemerkung, dass wir doch auch Sklaven all dieser Genussmittel seien. Plötzlich wurde mir ein Vertrag vor die Nase gehalten, auf ein Stück Notizpapier geschrieben: Wir wollten uns beide eine Woche lang verpflichten, völlig auf Alkohol, Kaffee, Tee, Schokolade und auf alles, das künstlich hinzugefügten Zucker enthielt, zu verzichten – um einander und uns selbst zu beweisen, dass wir wenigstens keine Sklaven dieser Stoffe seien. Für ihn sei es wahrscheinlich weniger schwierig als für mich, sagte mein Sohn mit einem Grinsen, weil er noch so jung und noch nicht so lange an Genussmittel gewöhnt sei wie ich. Darum setzte er für sich noch eine weitere Bedingung hinzu: Er würde in dieser Woche brav in die Schule gehen, keine Stunde versäumen und in jeder Unterrichtsstunde mindestens zehn Minuten lang völlig konzentriert aufpassen …

Ich fühlte mich mehr oder weniger überfallen, konnte mich aber natürlich nicht weigern und unterschrieb den Vertrag schließlich. Am nächsten Tag begann die Woche des Verzichts. Das Erste, was ich tat, war, die Verbote in positive Gebote zu transformieren. Ich durfte nur herrlich frisches, klares Wasser, leckere Säfte und Kräutertees trinken und gesundes Obst essen in Form von Nachtisch oder Zwischenmahlzeiten. Das half schon ein wenig, doch es blieb, ehrlich gesagt, doch eine ziemlich dürftige und magere Perspektive. Ich machte eine interessante Entdeckung: Sobald ich über die Laufzeit des Vertrages nachzudenken begann, fiel es mir besonders schwer, ihn einzuhalten. Wenn ich einfach zu mir sagte: »Zwei Tage sind bereits vorbei, du hast noch fünf vor dir«, so überlief mich eine Welle von Unzufriedenheit und ich verspürte eine unangenehme Unruhe. Fünf elend lange Tage! Sobald ich jedoch nur über den jeweiligen Tag selbst nachdachte und nicht vorausschaute, fiel es mir gar nicht mehr so schwer. Ach, heute trinke ich Kräutertee. Kein Problem. Morgen sehen wir wieder weiter. – Diese Woche haben wir beide mit hängender Zunge geschafft …

Ein Endziel, das man erst nach einer Woche erreicht, ist schlecht für die innere Ruhe. Alles, was wir heute nicht schaffen, ist schlecht für unsere Ruhe, auch all die modernen persönlichen Ambitionen, die wir nach dem Willen unserer Trainer und Coaches formulieren sollen. In drei Jahren eine Filiale, in fünf Jahren Mitglied der Direktion? Im nächsten Jahr eine gute Beziehung?

Sie setzen sich eine Deadline, die ab diesem Augenblick über Ihnen schwebt: »Dann und dann muss dies oder das geschehen sein, sonst habe ich versagt.« Aber vielleicht würden Sie viel glücklicher werden, wenn Sie den Laden verkaufen und eine Ausbildung zur Kindergärtnerin machen würden, und vielleicht zappelt diese Erkenntnis tief in Ihnen drin schon vor Ungeduld, doch Sie stoßen Sie immer wieder zurück mit Ihrem knallharten Filialen-Eröffnungsziel. Wer weiß, vielleicht wäre es heilsamer für Sie, ein paar Jahre lang Single zu sein, anstatt sich nur wieder die soundsovielte zum Scheitern verurteilte Beziehung auf den Hals zu laden mit Ihrer Ungeduld. Endstationen, die in einer fernen Zukunft angesiedelt sind, stehen einer natürlichen Entwicklung im Wege.

Setzen Sie sich darum nur ein Ziel, das heute noch zu schaffen ist. Können Sie hier und jetzt daran arbeiten, so haben Sie am Ende des Tages ein angenehmes Gefühl.

Aus verschiedenen Studien geht hervor, dass Mütter, die zu Hause bleiben und nicht arbeiten, entspannter und häufiger zufrieden sind als Menschen, die fest angestellt sind. Dazu ließe sich natürlich einiges anmerken, zum Beispiel, dass die meisten außer Haus arbeitenden Frauen neben ihrer Arbeit auch noch den gesamten Haushalt schultern müssen, wodurch sie unter anderem überlastet sind, für nichts genügend Zeit haben und so weiter. Es lässt sich jedenfalls *eine* ganz eindeutige Ursache für die Ruhe des Hausmenschen ausmachen: Im Haushalt lassen sich die meisten Vorsätze und Ziele innerhalb eines Tages verwirklichen. Die Kinder rechtzeitig aus dem Bett holen, ihnen das Frühstück richten und sie zur Schule begleiten. Die Wäsche machen und die Fenster putzen. Einkäufe erledigen, Essen kochen, essen, den Tisch abräumen, abwaschen. Wenn der Tag vorbei ist, liegt da vielleicht noch ein Stapel Bügelwäsche für morgen, doch die meisten Dinge, die an diesem Tag wirklich geschehen mussten, sind tatsächlich erledigt. Die Kinder haben drei Mahlzeiten intus und liegen gewaschen in ihren Betten. Das gibt ein tief befriedigendes Gefühl: Du hast getan, was du zu tun hattest, und du kannst dich jetzt entspannen.

Hinzu kommt noch, dass es gar nicht so angenehm ist, ein weit entferntes Endziel zu erreichen. Einen bescheidenen Plan zu verwirklichen, ist häufig etwas Schönes, doch das Erreichen eines großen Zieles, das man lange erstrebt hat, versetzt einem im Allgemeinen einen ziemlichen Schlag. »Ich falle in ein Loch«, sagen wir dann. Jetzt, da wir das Ziel erreicht haben, gibt es nichts mehr, das wir erstreben könnten. Der einzige Ausweg wäre: sich einen neuen Plan ausdenken.

Wir sind alle ein wenig so wie der Dichter Rabindranath Tagore, der sein Leben lang auf der Suche nach Gott war. Eines Tages sah er eine Tür mit der Aufschrift: »Hier wohnt Gott.« Was empfand er da? Panik! Man stelle sich vor, er hätte Gott gefunden. Er hätte sein letztes höchstes Ziel erreicht. All seine wunderbare Dichtertragik wäre vorbei, sein lebenslanger Pilgerzug wäre an ein Ende gekommen, die Sehnsucht in seinem Herzen wäre verschwunden, hätte sich aufgelöst. Er könnte seine ganze Philosophie, ja, sein Dichter-Sein, einpacken, wenn er wirklich Gott fände. Also legte er seine Schuhe ab und schlich sich auf Socken weg von dieser gefährlichen Tür. Stattdessen beschloss er lieber, weiterhin auf der Suche nach Gott zu sein – und ihn fortan überall zu suchen, außer an dieser einen Stelle.

Ist Tagore anders als andere Menschen? Oder ist er nur ehrlicher? Sind wir nicht alle auf der Suche nach einem letzten und höchsten Ziel, das wir eigentlich gar nicht erreichen wollen, weil es danach nichts mehr gäbe, das wir erstreben könnten?

Sind unsere Ziele einfach und nahe liegend, dann brauchen wir keine Angst vor ihnen zu haben und können in aller Ruhe an ihrer Umsetzung arbeiten.

Wäre es eigentlich nicht viel vernünftiger, das Wort »Ziel« ohnehin zu vermeiden? Es klingt so unangenehm konkret. Wenn wir ein Ziel nicht erreichen, haben wir »unser Ziel verfehlt«, und das tut weh. Vielleicht sollten wir lieber von Wunsch, Vorsatz, Plan, Streben sprechen – dann lassen wir uns frei. Ein Wunsch ist weniger konkret als ein Ziel und kann sich noch in alle Richtungen entwickeln. Einen Vorsatz können wir ändern, ohne dass ein Hahn danach kräht. Und sogar ein Plan ist niemals bis ins Letzte festgelegt.

Vor einigen Jahren wohnte ich in London zur Untermiete bei einem italienischen Ehepaar. Sie hatten ihr Haus erst vor kurzem erworben und hatten vielerlei Pläne, wie sie es renovieren wollten. Die unruhige englische Tapete musste weg, die Wände mussten dekorativ weiß gespachtelt und die Fußböden abgeschliffen und gebeizt werden. Italiener haben bekanntlich viel Geschmack. Eile hatten sie jedoch nicht. Fast jeden Sonntagmorgen zogen wir drei uns voll guten Mutes einen Arbeitskittel an und machten uns an die Arbeit. Wir waren fast immer noch keine Stunde beschäftigt, da klingelte das Telefon: Freunde oder Familienmitglieder kündigten ihren Besuch an. *Buonissimo!*, riefen die Italiener dann erfreut. *Fantastico!* Das Werkzeug wurde weggeräumt und man verzog sich in die Küche, um dort enorme, herrliche Mahlzeiten zuzubereiten. Fast jedes Wochenende war das Haus voll mit sich unterhaltenden, lachenden, essenden, trinkenden und rauchenden Menschen. Die Wände blieben halb kahl und halb tapeziert, die Fußböden mit Zeitungen bedeckt. Monat für Monat ging das so weiter, und ich, als nüchterne Holländerin, fragte mich entgeistert, wann dieses Haus jemals fertig werden würde. Wäre es nicht besser, erst die Wände fertig zu machen und erst dann den Besuch hereinzulassen? Oder meinetwegen notfalls den Gästen einen Farbroller in die Hand drücken mit den Worten: »Schön, dass du da bist, kannst du mir mal kurz helfen?« Doch wenn ich dem heißblütigen Duo so etwas vorsichtig vorschlug, schlug mir nur Unverständnis entgegen. Warum sollte man das tun? Es geht bei einem Haus doch um das Leben, das in ihm gelebt wird?! Wenn es nichts anderes zu tun gibt, ja, dann kann man sich mit der Außenseite, mit der Fassade, den Wänden und dem Fußboden abgeben. Doch der Inhalt, das Familienleben und das soziale Geschehen gehen natürlich immer vor. Stell dir vor, man wimmelt alle Besucher so lange ab, bis die Wohnung schön genug geworden ist, um Besuch zu empfangen. Vielleicht käme dann niemand mehr und alles wäre für die Katz'.

Das Haus ist schließlich, Jahre danach, fertig geworden, gerade noch rechtzeitig, bevor es verkauft wurde. Und die beiden hatten natürlich Recht gehabt: Die ganze Zeit bis dahin wurde in ihm unglaublich fröhlich und intensiv gelebt.

Das Leben ist wichtiger als ein im Voraus bedachtes Ziel.

Das Leben ist wichtiger als ein im Voraus bedachtes Ziel. Wer ein weit entferntes Zukunftsziel hat, glaubt an die ferne Zukunft. Diese ferne Zukunft ist ungewiss. Vielleicht läuft ja alles völlig anders, als wir es planten.

Warum setzen wir uns dann eigentlich so viele verpflichtende Ziele? Ist der Grund vielleicht der, dass wir Angst davor haben, ohne Ziel faul zu werden? Dass wir zu ziellosen Taugenichtsen werden im Leben und herunterkommen? Fest umrissene Vorsätze haben genau die umgekehrte Wirkung: Sie verkrampfen uns gerade. Das Leben wird eintönig, wenn wir es in immer die gleiche Richtung stoßen. Es will frei fließen und mäandern, genau wie ein Fluss.

Wenn wir uns nicht unter Druck setzen, sondern uns frei lassen und entspannen, kann unsere natürliche Aktivität zur Blüte kommen. Von Natur aus ist der Mensch ein unternehmendes Wesen. Solange ein spielerisches Element in unserer Zukunftserwartung mitspielt, bleibt es angenehm. Also relativieren Sie Ihr Ziel zu einem Wunsch, Vorsatz oder Plan, und geben Sie sich selbst den entsprechenden Raum.

Außerdem, seien wir einmal ehrlich: Die Zukunft existiert eigentlich überhaupt nicht. Morgen existiert nicht einmal. Es gibt ein altes Märchen, in dem ein Junge in die weite Welt zieht. Als sein Proviant zu Ende ist und er Hunger bekommt, klopft er an die Tür eines Handwerkers und fragt, ob er für ihn arbeiten kann. »Ja, das geht«, nickt der Handwerker. »Ah, wunderbar, und was kommt heute auf den Tisch?«, fragt der Junge. Der Meister deutet mit dem Finger auf ein Schild an der Wand mit folgender Aufschrift: »Heute kein Essen, aber morgen.« Nun ja, denkt der Junge, den einen Tag halte ich auch noch durch, morgen kommt alles in Ordnung. Er arbeitet hart, geht mit leerem Magen zu Bett und tröstet sich mit Fantasien von dick mit Speck belegten Broten. Am nächsten Morgen steigt er hungrig aus dem Bett und fragt wieder: »Was gibt es heute zu essen?« Aber der Meister deutet schweigend auf das Schild, das immer noch an der Wand hängt: »Heute kein Essen, aber morgen.«

»Morgen« existiert überhaupt nicht. Es gibt immer nur ein Heute. Wir finden, dass der Junge ziemlich dumm ist, doch wir selbst tun genau dasselbe, wenn wir sagen: »Heute gönne ich mir keine Ruhe, aber morgen.« – »Heute kann ich meinem Sohn nicht beim Fußballspiel zuschauen, aber nächste Woche geht es.«

Es gibt noch etwas, was an solchen Zielsetzungen faul ist: Die Fixierung auf ein Endresultat erzeugt Scheuklappen. Dann sehen wir nur noch, was vor uns liegt – das erträumte Resultat – und nicht die Aussicht links und rechts von uns: das Leben, das hier und jetzt an uns vorüberströmt.

Eigentlich ist es sogar Unsinn, sich selbst ein Ziel zu setzen, das man am Ende desselben Tages erreicht haben will. Es gibt im Grunde nur das Jetzt. Der einzige wirklich erstrebenswerte Vorsatz ist: Jetzt tun, was wir als das Richtige erleben. Sind Sie gerade dabei, das zu tun, was Sie tun wollen?

Nur im Hier und Jetzt können wir durch die Tür in unseren geheimen Palast treten, in die prunkvollen Säle und den schattigen Park, zu den ruhigen Gewässern und den grünen Weiden.

Kapitel 5

Nimm dir zweimal so viel Zeit, wie du zu benötigen glaubst

Sich für alles genügend Zeit nehmen, das ist eine Bedingung für innere Ruhe.

Was heißt genügend Zeit? Es gibt eine praktische Faustregel: Genügend Zeit ist ungefähr zweimal so viel, wie du zu benötigen glaubst. Warum? Weil wir schneller denken, als das stoffliche Leben sich vollzieht, ungefähr zweimal so schnell. Die Zeit fliegt vorüber, sagen wir, doch im Grunde haben alle irdischen Rhythmen noch immer ihr eigenes, natürliches Tempo: Die Erde dreht sich in 24 Stunden um die Sonne, unser Herz schlägt 60 bis 80 Mal pro Minute. Die dahinfliegende Zeit existiert lediglich in unserem Geist, in unserem Denken. Die Erde dreht sich ruhig weiter, doch unser Denken geht schneller und schneller. Es tut sich also eine immer größere Kluft zwischen dem Tempo der Natur und dem Denktempo des Menschen auf. Das erzeugt ein Spannungsfeld: Es ist, als ob die stofflichen Dinge sich verlangsamten, beziehungsweise als hinkten Körper und Objekte unserem Denken hinterher. Stattdessen ist es aber unser Geist, der vorauseilt.

Vor allem die moderne Technik legt uns hier herein. Wir kaufen ein Sportauto, das mühelos 180 Stundenkilometer auf der Autobahn schafft. Dann machen Sie sich auf den Weg von Rotterdam nach Amsterdam. 75 Kilometer, denken Sie, also im Prinzip bin ich in einer halben Stunde dort. Gut, machen wir eine Dreiviertelstunde daraus. Das muss klappen. Aber natürlich kommen Sie bei Delft bereits in einen Stau – weil nämlich noch sehr viele andere Menschen unterwegs sind, die genauso rasch in ihren schnellen Autos nach Amsterdam wollen –, und schließlich stehen Sie eineinhalb Stunden später an Ihrem Zielort. »Immer mehr Autofahrer ärgern sich über immer mehr Autofahrer«, schrieb einmal die Kolumnistin Loesje mit Seherblick. Sie sind übel frustriert, denn Sie waren im Geiste bereits, während Sie auf Ihre Artgenossen fluchten, vorausgeeilt. Sie saßen in Gedanken schon in Amsterdam, irgendwo auf einer Terrasse in der Sonne. Währenddessen sitzt Ihr Körper jedoch immer noch angespannt und angeschnallt in diesem Auto, das zwar schnell fahren will, es aufgrund der Umstände aber nicht kann. Der Körper bleibt sozusagen hinter Ihrem Geist zurück. Das erzeugt ein Gefühl, als ob Sie zurückgehalten würden. Sie werden gehetzt und nervös. Es fühlt sich an, als wären Sie im Begriff, Zeit zu verlieren.

Zeit sparende Apparate stehlen Zeit!

So ist es mit fast allen Erfindungen – schnellen Computern, Internet und E-Mail, Handys und so weiter. Sie versprechen, dass sie uns zusätzliche Zeit geben werden, doch in Wirklichkeit nehmen sie uns für unser Gefühl letztendlich Zeit weg. Zeit sparende Apparate stehlen Zeit!

Ist es Ihnen schon einmal aufgefallen, wie viele Dinge heutzutage ungefähr zweimal so viel Zeit kosten als Sie dachten? Ich habe einmal von einer Formel gehört, die sich in der Welt der Automatisierung durchzusetzen scheint: 2 : 2 : 0,5. Dahinter verbirgt sich Folgendes: Jeder Auftrag, eine Firma mit neuen Computern auszustatten, kostet zweimal so viel Zeit wie ursprünglich geplant und zweimal so viel Geld, und er erbringt schließlich etwa die Hälfte der erwarteten Zeit- und Geldeinsparung. Nicht zufällig wurde diese Formel im Gebiet der Automatisierung entwickelt. Computer sind eine Art Denkmaschinen. Im ›Computergeist‹ geschieht alles rasend schnell: Brrrr, sagt der Computer, und bums, da ist unser Resultat. Aber Computer sind auch stoffliche, irdische Gegenstände, die an andere irdische Gegenstände angeschlossen werden müssen, mit Schränken und Kabeln und Steckern. Bevor alle stofflichen Bestandteile dieser schnellen Denkmaschinen an Ort und Stelle stehen, ist irdische Zeit verstrichen. Meistens zweimal so viel Zeit, wie die Denker, die diese Maschinen bedienen, gedacht hatten.

Früher war es jedem bewusst, dass es Zeit kostet, manchmal sogar viel Zeit, um aus einer Idee eine Wirklichkeit zu machen. Von der Inspiration und den Gedanken über den Zeichentisch und die Werkstatt zum fertigen Produkt – dieser Prozess kann Monate oder Jahre in Anspruch nehmen. Oder Jahrhunderte, wenn man die Zeit zwischen der allerersten Zeichnung oder Beschreibung beispielsweise durch Michelangelo oder Jules Verne und der greifbaren Wirklichkeit unserer Flugzeuge und U-Boote rechnet.

Menschen, die sich mit viel irdischer Materie beschäftigen, haben ausgiebig Gelegenheit, zu erfahren, wie langsam sich das Leben selbst entfaltet. Bauern zum Beispiel sehen jeden Tag wieder, wie viel Zeit alles kostet. Sie haben fortwährend den Rhythmus der Natur vor Augen, sie sind an ihn gewöhnt und berücksichtigen ihn. Heute säe ich diese Saat, in drei Wochen kommt erst der erste grüne Halm heraus, und es dauert noch Monate, bevor ich das Gewächs ernten kann. So etwas Einfaches wie eine Stange Porree steht zum Beispiel fast ein Jahr lang auf dem Acker, bevor sie im Laden und in unserer Einkaufstasche landet.

Jeder, der häufig in der Situation ist, dass er im Voraus ausgedachte Pläne in greifbare Wirklichkeiten transformieren muss – Architekten, Bauleute und Handwerker, Künstler, Schneider oder Köche –, hat jede Menge Gelegenheit, zu erfahren, wie langsam die Materie ist. Jetzt schneide ich den Stoff zu, und selbst wenn ich die Vorstellung dieses Kleides in diesem Moment fix und fertig im Kopf habe, weiß ich, dass es doch noch eine ganze Weile dauert, bis es schließlich am Kleiderbügel hängt. Heute schaffe ich wahrscheinlich nicht mehr als das Zuschneiden und Säumen. Das ist vorläufig also mein Ziel.

Nun gibt es in unserer Wissensgesellschaft immer mehr Menschen, die nicht mit konkreten Gegenständen ihr Brot verdienen, sondern ausschließlich mit Gedanken, Ideen, Terminabsprachen, Gesprächen und Vorstellungen. Kopfarbeiter. Wenn diese Kopfarbeiter dann auch noch ihre so wunderbar konkreten praktischen Haus- und Gartenarbeiten von anderen ausführen lassen, um Zeit zu sparen, und sich darüber hinaus wenig Zeit für Spaziergänge nehmen, sodass sie sich auch noch von der Natur entfremden, verlieren sie das Tempo von Mutter Erde leicht aus dem Blick. Wenn sie einschätzen, wie lange etwas dauern wird, denken sie, dass sie sich realistisch verhalten – doch sie unterschätzen so gut wie immer die Menge der Zeit, die man für irgendetwas benötigt. Manchmal vergisst jemand sogar, dass er ein Mensch aus Fleisch und Blut ist, aus Materie, und dass es Zeit kostet, sich im Raum zu behaupten. Ich habe zum Beispiel einmal ein Interview mit einer Frau geführt, einem extrem viel arbeitenden Kopfmenschen, die mir erzählte, dass sie immer überall zu spät kam. Sie vergaß nämlich, die Fahrt- oder Gehzeit zwischen ihren Terminen zu berücksichtigen. Wenn ein Gespräch um vier Uhr beendet war, dann hatte sie ihren nächsten Termin bereits um vier Uhr eingetragen, obwohl sie zum Beispiel zuerst noch einen langen Flur durchqueren und über einen Innenhof in den nächsten Sitzungsraum zu gehen hatte. Die zehn Minuten zwischen den Terminen vergaß sie einfach, in ihr Tagesschema aufzunehmen, berichtete sie. So stark war offenbar ihre mentale Orientierung. Darum rannte sie sich selbst immer atemlos hinterher. Zum Zeitpunkt des Interviews saß sie deshalb mit einem Gipsbein am Tisch. Ihr vergessener Körper hatte sie knallhart auf den Boden der Tatsachen heruntergeholt.

Wir Kopfarbeiter vergessen leicht, wie viel Zeit das Leben auf der Erde kostet. Das verstärkt sich noch, wenn wir uns von all den Zeit sparenden Apparaten, die uns umgeben, aufhetzen lassen, sodass wir kaum mehr Ruhe in unserem Arbeitstag kennen, geschweige denn Zeit dafür, uns innerlich aufzubauen, indem wir ab und zu einfach einen Moment lang nichts tun oder die Seele ein wenig baumeln lassen. Der Computer erledigt blitzschnell die rechnerischen Operationen für uns, und

Wir Kopfarbeiter vergessen leicht, wie viel Zeit das Leben auf der Erde kostet.

so können wir ungehindert in einem übermenschlichen Tempo weiter denken. Die meisten von uns funktionieren in diesem Augenblick ungefähr in der Proportion eins zu zwei, das heißt, dass die Realität zweimal so lange dafür braucht wie wir einschätzten.

Kein Wunder, dass wir nervös werden. Jedes Mal verkalkulieren wir uns wieder: Wir denken, dass eine bestimmte Arbeit einen Tag in Anspruch nehmen wird, und am Ende des Tages ist erst die Hälfte davon erledigt. *Hilfe! Morgen wartet schon mein nächster Auftrag.*

Die Lösung besteht darin, dass Sie sich ab sofort für alles zweimal so viel Zeit nehmen, wie Sie zu benötigen glauben. Verdoppeln Sie die geplante Reisezeit, die Zeit, die Sie sich nehmen, einen Brief zu schreiben, ein Telefongespräch oder eine Unterhaltung zu führen. Und wenn Ihr Chef Sie fragt, ob Sie Ihr Gutachten morgen wohl fertig haben werden, sagen Sie dann ruhig und bedächtig: »Ich denke schon, ja. In Anbetracht der Tatsache jedoch, dass die Erfahrung zeigt, dass heutzutage alles zweimal so viel Zeit kostet, wie wir zunächst glauben, wird es wohl doch erst übermorgen so weit sein.«

Noch etwas: *Nehmen* Sie sich diese Zeit. Warten Sie nicht, bis man sie Ihnen gibt. Zeit können Sie nicht kriegen oder kaufen und vor allem nicht sparen. Versuchen Sie niemals, die Zeit zu überlisten und sie einzusparen. Wer versucht, Zeit einzusparen, verliert Zeit. In einem Buch mit dem Titel *Geld kostet Zeit* habe ich dieses Phänomen ausführlich behandelt. Je mehr Zeit sparende Apparate wir in unseren Haushalten haben, desto weniger Zeit behalten wir übrig. Ist das nicht eigenartig? Und doch ist es so.

Ein Beispiel dafür ist der Wäschetrockner. Menschen, die einen Wäschetrockner haben, wenden mehr Zeit für ihre Wäsche auf als Menschen ohne Wäschetrockner, das hat eine Studie ergeben. Denn wenn Sie einmal so ein Ding haben, ist es so einfach, eine Wäsche zu machen, dass Sie dies öfter tun. Die Folge ist, dass Sie mehr Stunden pro Woche waschen statt weniger.

Apparate verändern unser Leben. Am Ende des Waschprogramms stopfen wir die Betttücher in den Trockner und eine halbe Stunde später falten wir sie zusammen. Einen Moment lang haben Sie jetzt das Gefühl: Ich habe Zeit eingespart. Jetzt könnten Sie im Prinzip einen kleinen Waldspaziergang machen. Aber tun Sie das auch? Oder werfen Sie noch schnell eine nächste Füllung in die Waschmaschine, sodass auch diese noch rechtzeitig sauber und trocken werden kann? Früher war der Montag Waschtag – heute ist jeder Tag Waschtag. Mit einem Wäschetrockner im Haus können Sie im Prinzip jeden Tag die Unterwäsche, die Oberhemden, die Badetücher und Laken der gesamten Familie in die Wäsche werfen. In Amerika tun dies bereits Millionen Familien. Sie können nun zwar einwenden, dass wir heute um einiges reinlicher geworden sind als früher, aber es ist natürlich im Grunde Quatsch, jeden Tag alles sauber haben zu wollen, nur weil das technisch möglich ist. Wir wäschetrocknen uns zu Tode.

Dasselbe Prinzip lässt sich auf allen Ebenen beobachten, auch innerhalb von Betrieben und Unternehmen. Wenn es sich zeigt, dass etwas schneller erledigt werden kann, so muss es ab diesem Moment tatsächlich schneller gehen, und die Zeit, die übrig bleibt, füllt sich automatisch mit Aktivitäten, meistens weiteren derselben Art, von denen niemand glücklicher, der Chef aber ein wenig reicher wird. Die Arbeit wird durch all die zeitsparenden Maschinen und Strategien zusammengepresst, und jeglicher natürlicher Rhythmus verschwindet aus den Terminkalendern. Die Folge dessen ist nicht etwa, dass wir Zeit übrig behalten – im Gegenteil: Die Folge ist, dass Menschen ein gehetzteres Lebenstempo annehmen. Dadurch denken sie, dass es ihnen an Zeit mangelt, und wer denkt, dass ihm Zeit fehlt, dem fehlt sie tatsächlich.

Denken Sie an den Wäschetrocknereffekt, wenn Sie die nächste Zeit sparende Strategie oder den nächsten Zeit sparenden Apparat in Ihr ohnehin schon gehetztes Dasein aufnehmen möchten. Dieser Apparat wird Sie eine Menge Zeit kosten.

Zeit ist ein eigenartiges Gut. Sie können es verlieren, verkaufen oder wegschenken – doch Sie können es nicht einsparen, kaufen oder von jemand anderem bekommen. Zeit können Sie sich nur selbst nehmen.

Und sobald Sie sich die Zeit nehmen, *haben* Sie Zeit. Wer herumrennt wie das weiße Kaninchen in *Alice im Wunderland,* den Blick ständig auf die Armbanduhr gerichtet und dabei murmelnd: »Oh je! Ich komme noch zu spät!«, und: »Bei meinen Ohren und bei meinem Schnurrbart, wie spät es doch schon ist!«, der hat tatsächlich keine Zeit, denn er nimmt sie sich nicht. Im Grunde hat jeder alle Zeit der Welt. Nehmen Sie sie sich. Aber dann nehmen Sie sich bitte zweimal so viel Zeit, wie Sie Ihrer Erwartung nach zu benötigen glauben.

Kapitel 6

Genieße, was du besitzt

Genießen, was man besitzt, ist schwieriger, als man zunächst denken würde. Genießen ist nämlich eine bewusste Aktivität: Sie können nur genießen, wenn Sie *wissen*, dass Sie genießen, wenn Sie etwas Schönes *bewusst* anschauen, bewusst hören, wie schön etwas klingt, wenn Sie wissen, dass Sie fühlen, schmecken, riechen. Und es ist mühsam, sich ständig einer Sache bewusst zu bleiben, die man bereits hat.

Wir schwimmen in einem Meer von Besitztümern.

Und wir haben wirklich viel. Wir schwimmen in einem Meer von Besitztümern. Wenn wir uns tatsächlich all der Dinge bewusst werden wollten, die wir besitzen, würden wir manchmal erschrecken. Fangen Sie einmal an, sich umzuschauen und alles, was Sie sehen, zu benennen: Ich besitze die Kleider an meinem Körper, eine Armbanduhr, ich habe einen Stuhl, einen Tisch, einen Computer, ein Telefon, eine Hundefigur aus Bronze, eine Lampe, 27 Kugelschreiber und Bleistifte, über drei Fächer verteilt, eine Pinzette, eine Feile, eine Nagelschere, eine Briefwaage, ein Fach mit Büroklammern, eines mit Briefmarken … ach, es ist besser, ich höre auf. Es ist zu viel. Und das ist noch nicht einmal der erste halbe Meter in meinem Umkreis. Der Rest des Hauses ist auch noch da, und mein Garten, mein Auto, mein Fahrrad. Sogar Menschen, die wenige Besitztümer haben, wären ziemlich lange damit beschäftigt, alles aufzuzählen, was sie besitzen. Fast niemand mehr in unserer heutigen Wohlstandsgesellschaft ist in der Lage, sich ständig dessen bewusst zu sein, was er besitzt.

Oft bemerken wir nur dann noch bewusst, was wir haben, wenn es gerade in unseren Besitz übergegangen ist. Die allerneueste Anschaffung. Je wichtiger diese ist, umso länger bleibt sie in unserem Bewusstsein gegenwärtig. Doch im Laufe der Zeit verblasst alles. Sogar die Tatsache, ein Eigenheim zu besitzen, etwas, das für die meisten Menschen doch eine gewaltige Kraftanstrengung darstellt, verblasst langsam aber sicher in unserem Bewusstsein, hinter Wolken der Gewöhnung und der Selbstverständlichkeit. Vor dem Kauf des Hauses sind wir intensivst damit beschäftigt. Wenn wir es gerade gekauft haben, denken wir höchstwahrscheinlich eine ganze Weile lang an nichts anderes mehr. Wochenlang, monatelang genießen wir bewusst unser Haus. Wir laufen durch die Räume, mit Besitzerstolz in den Augen, und erzählen uns selbst und unseren Hausgenossen, wie schön und wie gut gelungen alles ist. Nach einiger Zeit beginnt es dann, zur Normalität zu gehören, und wir vergessen, es eigentlich bewusst zu genießen. Ab und zu flackert die ursprüngliche Befriedigung wieder auf, zum Beispiel wenn Freunde zu Besuch kommen, die das Haus noch nicht gesehen haben und sich begeistert äußern. Doch wenn irgendwann alle Freunde schon so oft da gewesen sind und wissen, wie wunderbar Ihr neues Haus ist, und es auch für sie bereits etwas Normales geworden ist, sackt das Gefühl des Besonderen immer weiter in Ihrem Bewusstsein weg. Sie können es zwar wieder durch einen eingreifenden Umbau erneuern. Wenn dann die Mühen, die ein solcher Umbau mit sich bringt, überstanden sind, wissen Sie aufs Neue, wie schön und gemütlich Ihr Haus ist. Doch auch die Veränderungen und Verbesserungen werden zur Normalität. Langsam, ganz allmählich drängen sich die Nachteile wieder in den Vordergrund, all das, was Ihr Haus *nicht* hat. Ja, es ist schon ein schönes Haus, aber irgendwie schade, dass es in dieser Straße so wenige Parkplätze gibt. Oder: Es ist doch eigentlich schade, dass der Garten nach Norden hinausgeht. Wenn wir noch einmal umziehen würden, dann würde ich …

»Stop wanting, start having«, sagt der indische Philosoph und Lebenslehrer Osho Rajneesh. Hör auf, dich nach etwas zu sehnen, und beginne damit, etwas zu haben. Oder: Hör auf zu denken, dass du in irgendeiner Hinsicht zu kurz kommst, und beginne damit, zu begreifen, was du alles besitzt. Oder, mit den Worten einer Kalenderspruch-Weisheit: Zähle, was du hast, nicht, was dir fehlt.

Leichter gesagt als getan. Denn das würde bedeuten, dass wir innehalten und bei dem verweilen, was wir haben, und dabei fühlen: Das ist genug. Doch innehalten und reflektieren, das ist nicht populär in unserer Zeit. Die Reklamehexen sind Tag und Nacht damit beschäftigt, uns zur nächsten Kaufhandlung anzutreiben. Milliarden und Abermilliarden werden dafür ausgegeben, und die raffiniertesten, kreativsten Reklameagenturen reißen sich sämtliche Beine aus, um dafür zu sorgen, dass wir uns mitreißen und mittreiben lassen. Dadurch verweilen wir nicht mehr so ohne weiteres bei dem, was wir haben.

Wir leben in einer materialistischen Zeit, doch eigentlich ist es eine ganz eigenartige Art von Materialismus, die wir an den Tag legen. Denn es geht häufig nicht um die Dinge selbst, um die eigentliche Materie; es geht um die Erfahrung, die wir an diesen Gegenständen machen. Oder, noch genauer ausgedrückt, es geht um die Erfahrung, die wir zu machen *hoffen*, die uns von den Reklamehexen versprochen wird – das Glück, die Aufregung, die Befriedigung, die die Werbung ausstrahlt. Die Dinge selbst fallen gar nicht so ins Gewicht. Wenn sie uns nicht das geben, was sie versprachen – und das tun sie ohnehin nur selten –, lassen wir sie achtlos fallen und gehen auf die Suche nach der nächsten Anschaffung, die uns erneut große Abenteuer verheißt. Und von Erfahrungen, die wie Schemen vor unseren Augen tanzen, haben wir natürlich nicht so schnell genug, vor allem, wenn sie immer eine Fata Morgana bleiben. Darum kaufen so viele Menschen unablässig. Sie genießen nicht das, was sie haben, sie hoffen, irgendwann das genießen zu können, was sie *haben werden*, wenn sie den nächsten Kauf getätigt haben.

Ich hielt einmal in einer Provinzstadt vor einem spirituell orientierten Publikum einen Vortrag mit dem Titel »Geld und Spiritualität«. Ich berichtete von etwas, das ich kurz davor entdeckt hatte, nämlich, dass Geld sehr eng mit Fruchtbarkeit und Überfluss zusammenhängt, allerdings nur dann, wenn jeder es rasch ausgibt statt es anzusparen. Wenn jemand für einen Artikel oder eine Dienstleistung Geld bezahlt, kann der Bezahlte mit diesem Geld irgendwo eine Anschaffung tätigen oder jemanden eine Dienstleistung verrichten lassen. Der Empfänger dieses

Geldes kann seinerseits nun wieder an anderer Stelle eine Transaktion vornehmen und so weiter. Ich hörte einmal eine Geschichte, die dieses Prinzip gut illustriert.

Ein Fremder kommt in eine abgelegene Provinzstadt und schreibt sich im örtlichen Hotel ein. Er möchte eine Nacht lang dort bleiben, und der Hotelbesitzer fragt ihn, ob er so gut wäre, im Voraus zu bezahlen. Der Fremdling findet das in Ordnung, bezahlt mit einer 50-Euro-Banknote, stellt seine Koffer in sein Zimmer und verlässt das Haus, um noch einen Spaziergang zu machen. Der Hotelbesitzer eilt mit der Banknote zur Autowerkstatt, wo sein Auto gerade einer kleinen Reparatur unterzogen wurde, und bezahlt. Der Besitzer der Werkstatt steckt den Geldschein in seine Tasche und geht zum Bäcker, wo er Brötchen kauft und eine große Torte für den Geburtstag seiner Zwillinge bestellt. Er bezahlt im Voraus. Der Bäcker rennt in der Mittagspause kurz zu einem Laden für Arbeitskleidung und kauft dort eine neue Bäckermütze und eine Schürze, und die Eigentümerin des Ladens geht sofort zu der Kinderkrippe, wo ihr Kind den Tag verbringt, um dort eine noch offen stehende Rechnung in Höhe von 50 Euro zu bezahlen. Die Leiterin der Kindertagesstätte kommt kurz beim Hoteleigentümer vorbei, der auch externe Mahlzeiten liefert und bei dem auch die Kinderkrippe ihr Essen bezieht. Sie rechnet mit ihm die Mahlzeiten der Kinder für die kommende Woche im Voraus ab. Damit ist die 50-Euro-Note wieder in der Kasse des Hotels angekommen. Jetzt kommt der Fremde von seinem Spaziergang zurück. »Sorry«, sagt er zum Hotelbesitzer, »ich bekam gerade einen Anruf und muss sofort wieder abreisen. Darf ich Sie bitten, mir mein Geld wieder auszubezahlen?« Mit großzügiger Geste händigt der Hoteleigentümer die Banknote aus, und diese verschwindet wieder im Portemonnaie des Fremdlings und mit ihm aus der Stadt. Das Geld, das selbst nicht mehr vorhanden ist, hat innerhalb anderthalb Stunden die folgenden Transaktionen ermöglicht: Es wurde ein Auto repariert, Brot gekauft und eine Torte bestellt, eine Arbeitsmütze und eine Schürze angeschafft, ein Kind betreut und eine Gruppenspeisung bezahlt. Fünf Menschen können wieder eine Weile lang tun, was sie gerne tun und gut können, weil andere ihre Tätigkeit finanziell kompensieren.

Es spielt keine Rolle, von wem das Geld stammt, solange es nur in Bewegung bleibt.

Man kann diese Geschichte nun nach Belieben erweitern, doch die Grundaussage ist wohl deutlich: Geld macht Transaktionen zwischen Menschen möglich und schafft damit Überfluss. Es spielt keine Rolle, von wem das Geld stammt, solange es nur in Bewegung bleibt.

Die Erfindung des Geldes, irgendwann in grauer Vorzeit, ermöglichte Gemeinschaften Überfluss, die bis dahin lediglich Tauschhandel betrieben hatten. Man sagt, dass das älteste Geld aus der Zeit stammt, als Menschen eine große Muttergottheit verehrten – und damit hängt Geld tatsächlich sehr eng zusammen. Sie war die Göttin des Überflusses und der weiblichen Fruchtbarkeit. Die ersten Geldmünzen waren Kaurimuscheln, die die Form eines weiblichen Geschlechtsorgans haben. Aus dem weiblichen Geschlechtsorgan wird alles geboren, und die Muttergöttin repräsentierte daher auch die Fruchtbarkeit der Landwirtschaft, die Überfluss im materiellen Sinne möglich machte.

Ein Geldstück ist eigentlich nur ein Symbol, das Symbol für eine wechselseitige Vereinbarung zwischen Mitgliedern einer Gemeinschaft, um einander zu helfen, Überfluss für alle zu schaffen. Später wurden Münzen aus Metall geschlagen und die Symbolik geriet immer mehr in den Hintergrund. Und als irgendwann Reiche damit begannen, Zinsen auf Darlehen zu verlangen und Zinsen auf Sparguthaben zu bezahlen, sodass das Ansparen von Geld Gewinne eintrug, begann die Sache schief zu gehen. Das aufgestapelte Geld schuf keinen Überfluss mehr für alle, sondern außergewöhnlichen Reichtum für Einzelne und Mangel und Armut für viele. Nicht ohne Grund haben alle Religionen auf der Erde es verurteilt, ja verboten, Zinsen zu verlangen, nicht ohne Grund warf Christus die Geldwechsler aus dem Tempel. Als die Kirche dies irgendwann im 17. Jahrhundert ›vergaß‹ und Wucherzinsen nicht länger verurteilte, entstand der Kapitalismus mit all seinen bekannten, das Gleichgewicht zerstörenden Folgen. Inzwischen hat sich die Situation bereits so grotesk zugespitzt, dass die reichsten vier Männer der Welt genauso viel Geld besitzen wie die zwanzig ärmsten Länder der Welt zusammen mit all ihren Hunderten von Millionen von Einwohnern, Männern, Frauen und Kindern. (Zur weiteren Vertiefung dieses Themas empfehle ich die Bücher von Bernard Lietaer, *Das Geld der Zukunft* und *Mysterium Geld.*)

Kurz und gut, ich legte während meines Vortrages all diese faszinierenden Aspekte dar, mit vor Aufregung geröteten Wangen. In der Pause verkaufte ich ein paar Bücher, als eine Frau mit verkniffenem Gesicht auf mich zukam.

»Ich finde diesen Vortrag überhaupt nicht spiruell«, sagte sie und verhaspelte sich in den eigenen Worten, »Sie wollten doch über Geld und Spirualität sprechen!« – »Finden Sie diese Tatsachen denn nicht spirituell?«, fragte ich höchst erstaunt. »Das mit der Muttergöttin, der weiblichen Fruchtbarkeit und dem Überfluss für alle, die Idee, dass Geld eigentlich nur ein Symbol ist und damit immer in einem Kreislauf bleiben muss …?« Sie schüttelte den Kopf und lief ärgerlich davon – um sich beim Veranstalter zu beschweren, wie sich später herausstellte, denn der kam auf mich zu mit der Bitte, nach der Pause ein wenig mehr Spiritualität in meine Präsentation aufzunehmen.

Ich fragte mich, was diese Menschen wohl hören wollten? Spiritualität im Sinne von Louise Hay vielleicht, die behauptet, dass man Geld zu sich hinziehen kann, indem man visualisiert, dass man es besitzt? Ihrer Meinung nach ist es möglich, sich ganz stark und plastisch vorzustellen, dass eine riesige Pipeline in Ihr Haus führt, durch die das Geld hereinströmt, unaufhaltsam, immer weiter … Sie sagt, wenn Sie an so etwas mit entsprechendem emotionalen Engagement glauben und es sich dauerhaft einbilden, werden Sie bemerken, dass Sie von selbst auf mysteriöse Weise immer mehr Geld haben werden.

Ich würde das niemandem empfehlen. Diese Art von Übungen, die in letzter Zeit sehr populär geworden ist, stammt aus magischen Quellen. Magie funktioniert, das steht fest. Weniger Bewusstsein gilt der Tatsache, dass daran immer quasi ein verstecktes Preisschildchen hängt. Sie können nicht einfach so etwas aus dem Kosmos zu sich herholen: Es wird etwas dafür zurückverlangt, mindestens die Anstrengung, die Sie dafür aufbringen müssen. Wenn Sie sich weigern, sich anzustrengen, auf der faulen Haut liegen und immerzu visualisieren, werden Sie irgendwann doch etwas bezahlen müssen, nur wissen Sie nicht was. Vielleicht kostet es Sie ja ein Stückchen von Ihrer Gesundheit oder von Ihrem Glück.

Nach der Pause setzte ich also meinen Vortrag so fort: »Jetzt kommt eine spirituelle Übung«, sagte ich, »eine Übung, die dazu dient, immer reicher zu werden, ohne dass Sie dafür zu arbeiten, zu sparen, zu stehlen oder etwas zu erben brauchen. Das Einzige, was Sie dafür brauchen, ist Ihre eigene Geisteskraft, Ihre Aufmerksamkeit und Ihr emotionales Engagement.«

Es war deutlich, dass das Publikum auf so etwas gewartet hatte. Man sah, wie viele Menschen sich aufrichteten, und alle Augen waren gespannt auf mich gerichtet. Die Übung, die ich dann vortrug, sah ungefähr folgendermaßen aus.

Jeden Morgen, wenn Sie Ihr Bett verlassen, tun Sie Folgendes: Sie schauen sich um und sagen laut zu sich: Wie unglaublich viel habe ich doch. Wie unglaublich reich bin ich doch. Schau nur, was ich alles schon besitze und wie schön und fein und kostbar es ist. Und dann zählen Sie laut auf, was es in Ihrem Haus gibt, um Sie herum, und Sie sagen laut, wie herrlich Sie es finden, das alles zu haben. Ihr weiches Bett, den kleinen Teppich unter Ihren Füßen, die Dusche mit herrlich warmem Wasser, die erfrischende Zahnpasta, all die warmen Kleider. Und so weiter und so fort. Zählen Sie auf, was Ihnen in Ihrem eigenen Haus begegnet, und verleihen Sie Ihrer Wertschätzung für all die Dinge, die Ihnen gehören, Ausdruck. All diese Gegenstände, die Ihnen so treu dienen und die still und geduldig warten, ohne je eine Klage zu äußern über Ihre mangelnde Aufmerksamkeit ihnen gegenüber. Doch jetzt wird alles anders, denn ab sofort genießen Sie diese Dinge bewusst. Wie viel habe ich doch, wie reich bin ich. Es ist wirklich wahr – wir leben hier wie Könige, wir baden in Luxus.

Wenn Sie diese Übung täglich zehn Minuten lang durchführen, ist das genug für den Durchschnittsmenschen. Kaufsüchtige allerdings sollten diese Übung am besten dreimal am Tag wiederholen.

Vielleicht werden Sie entdecken, dass Ihre Sachen nicht gerade so glänzend aussehen wie im erstbesten königlichen Palast. Wenn Sie viel fernsehen und Hochglanz-Illustrierte lesen, bilden Sie sich langsam aber sicher die Vorstellung, dass Ihre eigenen Möbel alt und schäbig sind, denn in diesen Medien ist immer alles glänzend und neu. Oder sorgfältig gestylt, um ihnen eine antike Ausstrahlung zu verleihen, was etwas ganz anderes ist als echter Verschleiß. Doch Sie sollten froh sein, dass bei Ihnen zu Hause alles noch echt ist und nicht so ein Schwindel wie im Fernsehen und in den Illustrierten. Je mehr Kratzer und Verschleißerscheinungen, umso authentischer, umso seelenvoller, umso lebendiger wird Ihr Dasein.

Manche Menschen, die an diesem Abend im Saal saßen, konnten etwas mit meiner Übung anfangen, wie ich bemerkte: Ihre Augen blickten mich lächelnd an. Ein paar Menschen aber blickten starr vor sich hin – sie hätten doch lieber eine magische Übung gehört, mit welcher sie ihr Bankkonto hätten anwachsen lassen können.

Für mich ist dies auch Magie. Sie können sich selbst verzaubern, aus einem Kürbis eine Kutsche machen, aus einem ganz normalen Haus einen kleinen Palast, aus einem Durchschnittseinkommen einen Schatz – es ist ganz einfach, indem Sie genießen, was da ist, statt immerzu sehnlich nach dem zu verlangen, was nicht vorhanden ist.

Jeder, der Geld dafür übrig hat, ein Buch über innere Ruhe zu kaufen (oder einen Vortrag über das Thema »Geld und Spiritualität« zu besuchen), ist steinreich. Wir brauchen dies nur zu begreifen, und sofort strömt das Gefühl des Reichtums wie durch eine geistige Pipeline in unsere Seele hinein. Und jetzt kommt der Clou: Das *Gefühl* des Reichtums ist das Einzige, was Sie wirklich brauchen. Sich reich zu fühlen, ist mehr wert, als reich zu sein. Denn wie viel Geld Sie auch auf der Bank haben mögen – wenn Sie nicht bewusst genießen, was Sie haben, und nur an all das denken, was Sie noch nicht haben, sind Sie ein armer Schlucker, ein Bettler. Wer genießen kann, was bereits da ist, fühlt sich reich und wird auch aufhören können, immer noch größeren Reichtümern und noch mehr Besitz nachzujagen. Ängstliches Horten macht Platz für Vertrauen. Und aus diesem Vertrauen heraus wird alles anders. Dann können Sie sich entspannen, nur das kaufen, was gut für Sie ist, was Sie aufbaut, harmonisiert. Ein Gefühl des Überflusses und des Reichtums dämpft von selbst die Begierde nach einem turmhoch gefüllten Bankkonto, unheilvollen Zinsen und Wuchergewinnen. Dann können wir den Rubel in gesunder Weise rollen lassen und Überfluss für alle schaffen – sodass jeder genießen kann, was er hat.

Genießen Sie, was Sie besitzen, und gönnen Sie anderen den Besitz, den sie genießen können.

Sich reich zu fühlen, ist mehr wert, als reich zu sein.

Schließlich werden Sie bemerken, dass Ihr innerer Palast, jener geheime Reichtum Ihres Innersten, sich auch nach und nach im Äußeren spiegelt. Wenn Sie gut hinschauen, werden Sie erkennen, wie reich das Leben um Sie herum ist, wie reich unsere Welt, wie freigebig die Natur, wie strahlend die Kultur ist, an der wir alle teilhaben. Je besser wir dies sehen, umso leichter finden wir den Weg nach innen.

Kapitel 7

Tue ›eintönige‹ Dinge, um deinen Tag zu verlängern

Nichts tun – überhaupt nichts tun, nur meditativ oder kontemplativ das Leben genießen –, das ist in unserer dahinrasenden Gesellschaft zu einem Ideal geworden, zu etwas Seltenem und Kostbaren. Das erkennen wir an der wachsenden Zahl von nichts tuenden Menschen in Reklamespots im Fernsehen und in Anzeigen in den Zeitungen und Illustrierten. Junge, trendy gekleidete Models liegen in allerlei Haltungen da, es ist überdeutlich: Sie tun nichts, sie tuckern in einem Boot herum oder sitzen relaxend auf irgendeiner Terrasse, mit einem glückseligen Grinsen auf den Lippen. Es sieht herrlich aus. Die Suggestion dahinter lautet: Wenn du nur die richtige Kaffee- oder Biermarke trinkst beziehungsweise Zigaretten rauchst, dann senkt sich innere Ruhe von selbst auf dich hernieder. Dann brauchst du überhaupt nichts zu tun, und du bist dennoch perfekt glücklich.

Die eigentliche Kunst des Nichtstuns ist im Grunde eine spirituelle Kunst. Ein anderes Wort dafür ist Meditation. Sie öffnet das Türchen in dem Baum, hinter welchem sich der weitläufige Palast befindet, die Schatzkammern des Geistes und die endlosen blauen Tiefen, hinter denen Gott wohnt. Nur kommen wir dorthin nicht mit der richtigen Bier-, Kaffee- oder Zigarettenmarke. Im Gegenteil.

Die unangenehme Wirklichkeit ist nämlich, dass all diese vordergründig perfekt entspannten Models in den Anzeigen, die nur daliegen und dasitzen, um zu posieren, sich dermaßen langweilen, dass die meisten währenddessen tatsächlich große Mengen von Zigaretten, Alkohol und anderen Drogen benötigen. Wenn sie sich in Wirklichkeit in ein Boot beziehungsweise auf eine Terrasse setzen oder in einer Hängematte liegen und nichts tun würden, so würden sie sich nach zehn Minuten vor Langeweile verzehren.

Zum Glück gibt es auch andere, weniger ausgefallene Methoden, innerlich zur Ruhe zu kommen. Es geht auch einfacher, bequemer, billiger, selbstverständlicher und alltäglicher: indem wir nämlich scheinbar eintönige Dinge tun.

Wischen Sie einen Fußboden. Füttern Sie die Enten. Üben Sie, eine Streichholzschachtel mit den Zehen hochzuheben. Schreiben Sie einen handgeschriebenen Brief und laufen Sie zum Briefkasten, um ihn einzuwerfen. Putzen Sie Ihre Schuhe, reinigen Sie Ihr Fahrrad. Bügeln Sie einen Stapel Tischtücher. Hacken Sie Holz. Stricken Sie einen Pullover, stopfen Sie eine Socke, besticken Sie ein Tuch. Kleben Sie Fotos in ein Album. Kochen Sie Marmelade ein. Bürsten Sie den Hund. Starren Sie aus dem Fenster. Kurz: Tun Sie all die Dinge, die früher so normal waren und um die moderne Menschen mit vollem Terminkalender einen Bogen machen.

Das Tun solcher anspruchslosen Dinge sorgt dafür, dass Sie in einen anderen Rhythmus hineinkommen. Sie drosseln das Tempo. Ihr Galopp wird ein angenehmer Zuckeltrab, ein ruhiges Spaziertempo. Ihr Gehirn schaltet auf Ruhezustand. Sie brauchen nicht mehr so schnell und so klug nachzudenken; Sie brauchen nur zu schauen, zu lauschen, zu riechen, zu fühlen und zu schmecken. Ihre Hände sind angenehm tätig und Ihr Geist entspannt sich. Das kommt sehr in die Nähe des Meditativen. Es vermittelt innere Ruhe.

Ihre Hände sind angenehm tätig und Ihr Geist entspannt sich.

Es ist nicht wirklich eintönig, Schuhe zu putzen oder Marmelade einzukochen. In unserer glänzenden Hightech-Yuppie-Welt gelten diese Arten von Aktivitäten inzwischen als altmodisch, und darum scheinen sie eintönig zu sein. Je reicher wir werden, desto größer die Versuchung, sie zu vermeiden. Wenn ich in meiner Position hundert Euro pro Stunde verdienen kann, so kombinieren wir, und meine Haushaltshilfe arbeitet für zehn Euro die Stunde, bleiben mir neunzig Euro übrig, für jede Stunde, in der sie für mich bügelt, wischt, putzt oder Fenster reinigt … Das führt so weit, dass wir es uns schließlich nicht mehr erlauben können, unseren eigenen Badezimmer-Fußboden zu wischen – denn das kostet zu viel Geld. Wir bestehlen uns selbst, so empfinden wir, wenn wir unsere Zeit mit Dingen vertun, die ein anderer genauso gut tun kann, für viel weniger Geld, als ich in dieser Zeit verdienen kann.

Alles, was uns die normale, tägliche Arbeit aus der Hand nimmt, wie z. B. Reparaturdienste, Haushaltshilfen und schlaue Apparate, ist dann ebenfalls attraktiv. Wir beginnen immer mehr die Meinung zu hegen, dass es eintönig und dumm ist, solche kleinen Tätigkeiten selbst zu erledigen, und allerlei Firmen haben dies geschickt aufgegriffen und bieten dafür ihre Dienste an. Es gibt Menschen, die für Sie den Hund ausführen wollen, so genannte *Personal Shoppers,* die für Sie Ihre Kleider kaufen wollen, die in Ihr Büro kommen, um Ihnen die Fahrt in die Reinigung zu ersparen, Sie können Kindergeburtstage organisieren lassen, Sie können sich alle Arten von Mahlzeiten inklusive einem Champagnerfrühstück oder einem *Candlelight-Dinner* zu sich nach Hause bringen lassen, Sie können Ihr Haus gegen Bezahlung aufräumen lassen, sich Geschenke aussuchen, einpacken und verschicken, ja sogar den Weihnachtsbaum schmücken lassen.

Je mehr dieser scheinbar stereotypen Tätigkeiten Sie an andere delegieren, umso gehetzter wird Ihr Leben und umso weniger Zeit behalten Sie übrig. Jeder Tag füllt sich nämlich von selbst (siehe den bereits beschriebenen ›Wäschetrockner-Effekt‹). Und es geschieht noch etwas Weiteres, Unangenehmes.

Wenn Sie immer Ferien haben, haben Sie plötzlich niemals mehr wirklich Ferien, denn Ferien existieren dank der Arbeit. Wenn Sie jeden Tag zum Feiertag machen, bedeutet dies, dass kein einziger Tag mehr ein besonderer Festtag sein kann. Die Kontraste verschwinden, das Relief wird nivelliert. Und wenn Sie niemals mehr anspruchslose Dinge tun, so verliert Ihr Leben an Wichtigkeit, das Besondere daran verschwindet immer mehr. Es ist ein ganz subtiler Effekt, der sich so langsam aufbaut, dass wir es häufig gar nicht bemerken. Ein Tag, aus dem alle scheinbar nutzlosen und unwichtigen Momente verschwinden, wird oberflächlicher, dünner und hat weniger Tiefgang. Es entfällt eine ganze Dimension.

Hatten Sie schon einmal das vage, beunruhigende Gefühl, dass Ihnen das Leben unter den Händen zerfließt, dass es flüchtiger wird, nebulöser, ungreifbarer? Dann lautet die Antwort: Tun Sie anspruchslose Dinge. Anspruchslose Dinge vertiefen und bereichern Ihr tägliches Dasein, geben Halt, eine irdische Basis. Der Nebeneffekt dabei ist, dass Sie innerlich zur Ruhe kommen.

Drehen Sie die Sache einmal um. Sind Sie reich genug, sich selbst Zeit für anspruchslose Dinge einzuräumen?

Als moderne, hart arbeitende selbstständige Unternehmerin habe ich meinen Haushalt auf ein Minimum reduziert. Mein Motto lautet: Wenn mein Herz nur rein ist, darf in meinem Haus ruhig die eine oder andere Staubflocke liegen. Den Samstagvormittag reserviere ich dafür, die Wäsche zu erledigen, aufzuräumen und staubzusaugen. Die sauberen, ungebügelten Kleidungsstücke und Tischdecken kommen auf einen großen Stapel. Dort bleiben sie manchmal lange liegen. Einmal in soundso viel Wochen nehme ich mir die Zeit zum Bügeln. Das ist weder mein größtes Talent noch mein bevorzugtes Hobby – doch es ist gut für meine geistige Gesundheit. Ich sehe, wie der schlampige Stapel ungebügelter Wäsche vor meinen Augen verschwindet und sich in gebügelte Kleider verwandelt. Währenddessen lasse ich meinen Ideen freien Lauf. Gedankenfetzen kommen und gehen und ich lasse sie zu. Ich muss nichts tun, nur mit meinen Händen tätig sein. Am Ende kommen die Tischdecken an die Reihe. Eine ziemliche Arbeit, aber es ist schön, wenn sie erledigt ist. Hinterher, wenn ich fertig bin, habe ich das Gefühl, dass nicht nur die Wäsche, sondern auch mein Inneres wieder sauber glattgebügelt ist. – Reiner Luxus.

In den *Matrix*-Filmen, enormen Kassenerfolgen, ist die Menschheit in Computerprogrammen eingesperrt. Die Menschen denken, dass sie ein normales Leben führen, doch es handelt sich nur um einen Schein – in Wirklichkeit hängen ihre Körper in einer Art Plantage und dienen als Batterien für Maschinen. Währenddessen wird ihrer Wahrnehmung künstlich suggeriert, dass sie ein völlig normales Leben führen, genau wie wir. Das ist aber eine Illusion, die in ihren Gehirnen durch ein Computerprogramm erzeugt wird.

In *The Truman-Show,* ebenfalls ein Kassenhit, mit Jim Carrey in der Hauptrolle, denkt Truman, er führe ein wirkliches Leben, doch es ist alles ein abgekartetes Spiel: Seit seiner Geburt lebt er in einer Fernsehshow in einem gigantischen Studio, alles um ihn ist sorgfältig inszeniert.

Es wurde eine Flut von Artikeln geschrieben über die Frage, warum Menschen heute so von der Idee fasziniert sind, dass wir in einer Scheinwelt leben. Alle möglichen philosophischen und spirituellen Sichtweisen werden bemüht. Vergleiche mit dem bekannten Höhlengleichnis von Plato werden angestellt. Plato behauptete, dass unser tägliches Leben sich in einer Art Schattenspiel in einer Höhle vollzieht. Erst wenn wir, in das grelle Licht blinzelnd, aus dieser Höhle treten, können wir das wahre Wesen der Dinge sehen. Diese Analogie klingt sehr elegant. Doch Plato spricht hier über ein geistiges Erwachen im Sinne Buddhas oder Krishnamurtis – das Ablegen des Filters der Selbstsucht, wodurch uns die Heiligkeit des Lebens offenbart wird. Das scheint mir doch noch etwas anderes zu sein als die Flucht aus einem Fernsehstudio oder die Erlösung aus einem Computerprogramm, wonach wir wieder mit beiden Beinen auf dem Boden des normalen täglichen Lebens stehen.

Nein, ich denke, dass Macher und Fans von *Matrix* sehr sensibel gespürt haben, dass wir in unserer westlichen Wohlfahrtsgesellschaft in eine Scheinwelt zu versinken drohen. Unser echtes Leben bekommt allmählich immer stärker eine unechte Qualität. Ob die unvorstellbare Menge von Psychopharmaka und Drogen, die heute konsumiert werden, etwas damit zu tun hat? Es gibt Pillen, damit wir uns gut fühlen, Pillen, die uns Energie vermitteln sollen, Pillen, um zur Ruhe zu kommen, Pillen, um in einen sexuellen Erregungszustand zu gelangen, Pillen, um zu schlafen, Pillen, um fröhlich zu sein – und die Umsätze, die mit diesen Mitteln gemacht werden, sind astronomisch. Wenn ich die meisten meiner Gefühle der Pharmaindustrie zu verdanken habe, bekommen wir mit der Zeit schon den Eindruck, dass wir in einer Pseudowelt leben.

Diese Sphäre der Unechtheit, der Imitation, wird noch dadurch verstärkt, dass wir uns so sehr anstrengen, die ›anspruchslosen‹ Dinge aus unserem Leben zu verbannen. Der Unterschied zwischen dem echten Leben und einer Fernsehshow oder einem Computerprogramm nivelliert sich dadurch beträchtlich.

Sie werden sofort verstehen, dass Filmproduzenten und Drehbuchschreiber in Hollywood herzlich wenig anspruchslose Dinge tun. Vielleicht gehen sie wenigstens noch gelegentlich fischen, zum Beispiel, doch wenn man reich und berühmt ist, kann das kein normaler Angelausflug mehr sein, es wird sofort zu einem fantastischen Trip, zum Beispiel Lachsfischen in Schottland. Also auch wieder etwas ganz Besonderes und Wichtiges. Und wenn solche Leute in ihrer wahnsinnig trendigen Blockhütte, die von einem teuren Innenhausarchitekten ausgestattet wurde, Holz hacken, werden sie ständig darauf achten, ob diese Zeit auch wirklich *quality time* ist.

Je weniger ›eintönige‹ Dinge es im Leben gibt, desto klischeehafter wird es und desto größer sind die Übereinstimmungen mit Fernsehserien, einem Film oder einem Computerprogramm. Letztendlich erkennen Sie den Unterschied zwischen Ihrem eigenen Leben und dem auf dem Bildschirm nicht mehr. Und dann kommen leicht die erwähnten Fantasievorstellungen in einem hoch: Vielleicht ist mein echtes Leben gar nicht echt. Vielleicht ist es eine Täuschung. Wie komme ich dahinter?

Ein unangenehmes, beunruhigendes Gefühl. Und dabei wäre es so einfach zu vermeiden. Nichts ist einfacher, als festzustellen, dass Ihr Leben ›echt‹ ist: Machen Sie einmal den Haushalt und achten Sie dabei gleich auf die Kratzer in der Tischplatte, den Sprung in der Fensterscheibe, die abblätternde Farbe und die Verschleißerscheinungen, auf all die Hunderte kleiner Unvollkommenheiten. Die gibt es nicht im Film oder im Fernsehen.

Durch die ›eintönigen‹ Dinge wird Ihr Leben authentischer und ruhiger. Doch nehmen Sie sich genügend Zeit dafür – zweimal so viel, wie Sie zu benötigen glauben (Gebot Nummer 5).

Sie hören auf, im Wald herumzurennen und betätigen sich ein wenig in der Nähe Ihres eigenen Baumes.

Unscheinbare Dinge zu tun, verlangsamt Ihr Tempo. Sie hören auf, im Wald herumzurennen und betätigen sich ein wenig in der Nähe Ihres eigenen Baumes. Es ist einfacher als Nichtstun, durchweg gratis oder billig, einfach zu finden und lange nicht so langweilig, wie Sie glauben.

Wenn wir nicht aufpassen, wird dies sogar noch trendy! Stricken zum Beispiel ist in letzter Zeit bei den übergestressten Amerikanern *in*. Die *New York Times* berichtete in einem zweiseitigen Artikel, dass in Hollywood Strick-Cafés eröffnet wurden. Allerlei Berühmtheiten der Filmbranche gehen dorthin, um sich Wolle, Stricknadeln und Strickmuster zu besorgen, gemeinsam zu stricken und bei kostenlosem Kaffee und Kuchen innerlich zur Ruhe zu kommen. Doch so funktioniert es natürlich nicht. Wenn das ein Hype wird, bekommt es wieder die Qualität des Müssens, weil man nicht hinterherhinken will, weil man mithalten möchte mit den Hüpfdohlen, die den Ton angeben. Dann wird auch das zur soundsovielten Leistung, die wir erbringen müssen. Innere Ruhe erlangen wir erst, wenn wir dieses Leisten-Müssen vorübergehend aufgeben, wenn wir es in Ordnung finden, einmal zurückzubleiben und die Meute vorausrennen zu lassen.

Tun Sie also ›eintönige‹, unscheinbare Dinge, aber nicht, weil es gerade Mode ist, etwa weil Oprah Winfrey* gesagt hat, dass Sie sie tun sollen, oder weil Sie erwarten, dass Ihr Leben dadurch einen wichtigen und besonderen Charakter annimmt. Tun Sie diese Dinge einfach deswegen, weil es sie gibt, weil sie dazugehören, weil es lächerlich ist, sie von jemand anderem erledigen zu lassen. Erwarten Sie nichts davon. Langweilen Sie sich ruhig ein wenig, während Sie sie tun. Denn genau darum geht es.

* Bekannte, meinungsbildende Talkmasterin aus den USA.

Kapitel 8

Dreh die Dinge um

Vor langer Zeit hörte ich einmal jemanden sagen, dass man alles umdrehen könne und dass es dann auch noch stimme, ja vielleicht noch wahrer sei. Ich fand damals, dass dies weise und esoterisch klang, aber ich verstand es nicht. Schwarz war für mich Schwarz, und Weiß war Weiß, und das konnte man nicht umdrehen. Mit der Zeit habe ich aber feststellen können, dass doch überraschend vieles im Leben umkehrbar ist. Mehr noch: Das Leben selber kehrt die meisten Dinge im Laufe der Zeit um. Wenn man das zu begreifen beginnt, nimmt man die Dinge insgesamt etwas leichter: Alles wird irgendwann einmal in sein Gegenteil umschlagen. Soll ich mich dann jetzt darüber aufregen? Sie entspannen sich. Sie relativieren.

Alles wird irgendwann einmal in sein Gegenteil umschlagen.

Meine ersten derartigen ›Umkehrerfahrungen‹ hingen mit Klang zusammen. Ein englischer Freund beschäftigte sich mit Schallexperimenten. Er stellte einige Freunde in einer Reihe auf und gab dem ersten ein Stück Papier mit einem Wort darauf, zum Beispiel »black«. Dieser musste dann das Wort aussprechen und einige Male wiederholen, in ruhigem Tempo. Nach einiger Zeit musste er das Papier dem Zweiten geben, der das Wort ebenfalls rhythmisch zu wiederholen begann, gleichzeitig mit Nummer eins. Und auch er gab das Papier seinem Nachbarn weiter. So hatte man dann schließlich eine Reihe von Menschen, die allesamt zugleich »black, black, black …« skandierten. Jetzt reichte der Klangexperimentator das nächste Papierchen mit einem neuen Wort durch: »back, back, back …« Zunächst sagte nur die erste Person der Reihe rhythmisch »back« und der Rest noch stets »black«, danach bekam Nummer zwei das Papier mit dem Wort »back« darauf und begann dann ebenfalls rhythmisch das Wort »back« zu wiederholen, dann ein weiterer und noch einer, bis schließlich die ganze Reihe das neue Wort übernommen hatte. Hören Sie es vor sich? Die neuen Worte wichen immer um einen weiteren Buchstabe von dem ursprünglichen ab, sodass die Veränderungen sich sehr subtil vollzogen. Zum Beispiel »back, back, back – bike, bike, bike – byte, byte, byte – white, white, white …« Innerhalb einiger Minuten skandierte die ganze Reihe »white«, und »black« war fließend und ohne scharfe Übergänge zu »white« geworden.

Dass Schwarz zu Weiß wird und umgekehrt, ereignet sich nicht nur in solchen kreativen Klangexperimenten, sondern auch im echten Leben.

Viele der Ersten werden die Letzten sein und viele der Letzten die Ersten, schrieb der Evangelist Matthäus. In den Niederlanden hat es sich eingebürgert, vom »Gesetz des hemmenden Vorsprungs« zu sprechen, ein Terminus, der von dem Historiker Jan Romein geprägt worden ist: Wer als Erster mit etwas daherkommt, bleibt später häufig zurück. Denn diese ›Vorhut‹ bleibt häufig in einem Konzept hängen, das einmal revolutionär und spannend war, doch allmählich immer stärker zur Normalität wird. Menschen beispielsweise, die früher hipper als hip waren und in ihrem Hippietum hängen geblieben sind, veralten und verstauben hoffnungslos. Ihre Nachfolger, die weniger an den alten Idealen hängen, gehen mit ihrer Zeit und bleiben dadurch frisch und modern.

Sind Sie also mit irgendetwas der Erste, dann denken Sie an das Gesetz des hemmenden Vorsprungs. Irgendwann einmal werden Sie in einen Rückstand geraten und die anderen werden an Ihnen vorbeiziehen – andere, die viel später angefangen haben. Beschäftigen Sie sich schon einmal ein wenig mit dieser Vorstellung und gewöhnen Sie sich daran, dann wird Sie die Tatsache, wenn sie dann eintritt, nicht aus heiterem Himmel überfallen und Sie können sie leichter akzeptieren.

Wenn Sie zu denen gehören, die ganz hinten laufen, sollten Sie sich klarmachen, dass Sie sich das Gegenteil des Gesetzes des hemmenden Vorsprungs zunutze machen können – das »Gesetz des impulsierenden Rückstands«. Sie übersehen das gesamte Feld, Sie können sich noch anpassen. Betrauern Sie nicht die Tatsache, dass Sie ganz hinten laufen, denn: Wer weiß, vielleicht werden Sie irgendwann einmal ganz vorn sein.

Auch manche Sprichwörter sind in ihrer Umkehrung ebenso wahr oder sogar noch wahrer als in der Originalversion. Nehmen wir zum Beispiel das biblische Wort: »Der Geist ist willig, doch das Fleisch ist schwach.« Es bedeutet: Ich will wirklich nicht sündigen; ich weiß, dass es schlecht ist, doch ich werde wie von selbst aufgrund meiner körperlichen Instinkte dazu angetrieben. Ist das wirklich wahr? Kein Körper will sich doch von sich aus gehen lassen und allmählich verkommen, der Leib als solcher möchte lieber mäßig und gesund essen und trinken, sich viel bewegen und rechtzeitig ins Bett gehen. Es ist der *Geist*, der schwach ist, der Fantasien nachhängt und ungesunden Genüssen nachjagt. Nein, das Fleisch ist stark. Wäre nur dieser Geist etwas williger …

Ein weiteres Wort, ebenfalls aus dem Neuen Testament: »Geben ist seliger denn nehmen.« Bei allem Respekt für unseren lieben Herrn, aber stimmt das noch? Heute ist es doch häufig umgekehrt: Geben ist einfach, das Empfangen-Können ist die Kunst. Wir sind wohlhabend genug, Geschenke füreinander kaufen zu können, also ist das Geben kein Problem. Aber können wir noch in echter, tief empfundener, bewusster Weise empfangen, was uns geschenkt wird? Ich spreche hier natürlich nicht über Geburtstagsgeschenke – die nehmen wir freundlich entgegen: »Oh, wie nett, vielen Dank« – überhaupt kein Problem. Aber darüber hinaus? In unserer Gesellschaft kann man fast alles kaufen, was einem früher geschenkt wurde: Hilfe und Unterstützung, Aufmerksamkeit, guten Rat, Gesellschaft. Wenn wir all das gekauft haben, brauchen wir dafür nicht »danke« zu sagen. Wir haben es ja bereits bezahlt, also sind wir auch niemandem mehr Dankbarkeit schuldig.

Für unsere Entwicklung hin zu einem liebevollen Menschen ist es viel nützlicher, etwas annehmen zu können, was uns jeden Tag so reichlich durch das Leben geschenkt wird – die Unterstützung unserer Umgebung, Liebe und Freundschaft, den echten guten Rat, der meistens nicht teuer ist, sondern gratis, unsere Gesundheit, unser Augenlicht – und dafür »danke« sagen zu können. Etwas bewusst zu empfangen, bedeutet, zu wissen, was wir bekommen, und dankbar zu sein, weil wir einfach so vieles geschenkt bekommen, geschenkt bekommen haben, weil wir so viel besitzen.

Wir können das Wort also fast umdrehen: Es ist seliger, demütig zu empfangen, als stolz zu geben.

In dem Maße, wie wir älter werden, entdecken wir, dass viele Umkehrungen möglich sind und dass wir uns immer häufiger irgendwo ganz anders wiederfinden als da, wo wir zuerst standen. Langsam aber sicher – und bevor wir es wirklich bemerken – wendet sich das Blatt. Die ganze Angelegenheit dreht sich um 180 Grad.

Als ich als Freelance-Journalistin anfing, war ich zum Beispiel immer furchtbar gespannt, wie die Reaktion des Blattes, für das ich arbeitete, meine abgelieferten Artikel beurteilte. Wenn ich einen Artikel in den Briefkasten eingeworfen hatte (in dieser Zeit schickte man seine Manuskripte noch per Post), rannte ich fast zurück nach Hause, um vor dem Telefon zu sitzen und zu warten. Oft hörte ich lange Zeit nichts, und wenn ich nach ein oder zwei Wochen schüchtern in der Redaktion anrief, geschah es nur allzu häufig, dass einer der dortigen Redakteure sagte: »Sorry, ich konnte es mir noch nicht anschauen, sie liegt noch oben auf dem Stapel.« Wie ist das möglich, dachte ich dann: Mein *wichtiger* und *besonderer* Artikel liegt dort, korrekt innerhalb der Deadline abgeliefert, und niemand liest ihn? Einfach unbegreiflich.

Heute betreibe ich selbst Redaktionsarbeit und Freelancer schicken mir ihre Arbeiten. Ab und zu rufen sie mich an oder schicken mir E-Mails mit der Frage, ob ich ihren Artikel bereits gelesen habe und wie ich ihn beurteile. Manchmal muss ich ihnen mitteilen, dass ich noch nicht dazugekommen bin, ja, sorry, ich habe ihn zwar empfangen, aber ach, Sie wissen ja, wie es ist, es ist einfach so entsetzlich viel los …

Und das sind dann nur die Kleinigkeiten. Es gibt noch viel stärker eingreifende Umkehrungen. Ein Beispiel: Als Kind oder als Jugendlicher hatten Sie spontan nach der Scheidung Ihrer Eltern eine Antipathie gegen deren neue Partner oder Partnerin entwickelt. Und bevor Sie sich's versehen, sind Sie jetzt selbst die neue Partnerin oder der neue Partner eines Menschen, und dessen Kinder lassen Sie plötzlich links liegen. Wie ist das möglich? Nun, denken Sie doch einmal nach, wie es früher war, als Sie selbst auf der ›anderen Seite‹ standen. Dann werden Sie es verstehen.

Darum ist es so heilsam, dass das Leben früher oder später die Dinge umdreht. Wenn Sie noch wissen, wie es einst gewesen ist, können Sie die heutige Situation besser relativieren. Sie erinnern sich an Ihren eigenen trotzigen oder dickköpfigen Standpunkt als junger Mensch, Sie wissen also, was in dem jungen Menschen vorgeht, der da vor Ihnen steht. Doch Sie wissen auch, wie es von Ihrer Seite her aussieht, was Sie selbst getan haben und warum. Dies führt zu Verständnis, zu Erkenntnis, zu einem geweiteten Blick, zu Toleranz, Weitherzigkeit, Milde. Innerer Ruhe.

Die spirituell orientierte amerikanische Therapeutin Byron Katie arbeitet erfolgreich mit dem Prinzip, dass man fast alles umdrehen kann. Wenn Sie zum Beispiel klagen:

»Mein Chef zollt mir nicht genügend Anerkennung«, dann weist sie darauf hin, dass Sie die Sache auch umdrehen können. So wird daraus zum Beispiel: »Ich habe nicht genügend Anerkennung für meinen Chef.« Oder: »Ich habe nicht genügend Anerkennung für mich selbst.« Und häufig ist das schlicht die Wahrheit, denn die Außenwelt spiegelt die Innenwelt. Es ist nützlich und gut, solche Dinge umzudrehen, denn an Ihrem Chef können Sie nicht viel ändern, an sich selbst dagegen sehr wohl.

Byron Katie, eine resolute Amerikanerin von etwa Mitte sechzig, war früher eine schwer depressive Hausfrau, die ihre Familie terrorisierte und sich deswegen psychotherapeutisch behandeln lassen musste. Sie durchlief dabei eine tiefe Krise und ging strahlend und wie neugeboren aus der Therapie hervor. Eines Morgens erwachte sie auf dem Fußboden ihres Zimmers, und sie bemerkte zu ihrer eigenen Überraschung, so schildert sie es in ihrer Biografie, dass ihre innere Wut einer tiefen, dauerhaften Freude Platz gemacht hatte. Sie entwickelte eine einfache Methode, »The Work«, mit der sie Menschen helfen wollte, ebenfalls eine solche Umkehr zu erreichen. Mit viel Humor praktiziert sie diese Methode während ihrer Seminare.

Ich habe einmal einem solchen Kurs beigewohnt. Man erlebt da etwa Folgendes: Katie steht vor den Teilnehmern, resolut, doch durch und durch Freundlichkeit ausstrahlend. Sie lädt das Publikum ein, ein Problem vorzubringen. Ein junger Mann steht auf und sagt: »Ich bin wütend auf meine Freundin, weil sie will, dass ich ihren Erwartungen entspreche.« In einem Frage- und Antwortspiel macht die Therapeutin daraufhin klar, was sich darunter verbirgt. Man könne die Phänomene immer umdrehen, sagt sie. Was würde das im vorliegenden Fall also bedeuten? Will der junge Mann eigentlich den Erwartungen seiner Freundin entsprechen? Oder will er, dass sie seinen Erwartungen entspricht? »Letzteres«, nickt der Mann, das stimmte. Es stellt sich heraus, dass er sie eigentlich aus tiefster Seele liebt, sonst hätte er nicht ein solches Problem damit. Das Gespräch mit der Therapeutin rührt den jungen Mann so, dass er schließlich in Tränen ausbricht. Byron Katie erklärt, warum: »Wir lieben unsere Partner, und es verletzt uns selbst, wenn wir unseren Partnern Schmerz zufügen.« Wer anderen eine Grube gräbt, fällt selbst hinein, könnte man da sagen – auch eine klassische Umkehrung.

Eine etwas ältere Frau bringt ein anderes Problem zur Sprache. Sie ist wütend auf ihr Bein, weil es immer steif ist und sie es nicht mehr bewegen kann. Byron Katie berichtet, dass sie auch einmal unter der Lähmung eines Beines litt. »Damals habe ich zu meinem Bein gesagt: Liebling, um meinetwillen brauchst du dich nie mehr zu bewegen. Und das erzeugte so viel Friede, dass mein Bein sich zwei Stunden später wieder bewegte. Bei einer wahren Heilung macht es nichts aus, ob man laufen kann oder nicht. Versuchen Sie einmal, die Sache umzudrehen und setzen Sie an die Stelle Ihres Beines Ihr Denken: Ich bin darauf angewiesen, dass sich mein Denken ›beugt‹, dass es jung und flexibel bleibt. Mein Körper darf genauso sein, wie er ist.«

Manchmal dreht sich die Bedeutung eines Wortes im Laufe der Zeit um 180 Grad und es nimmt genau die entgegengesetzte Bedeutung an. Das Wort *Handicap* zum Beispiel bedeutete ursprünglich eine ›Vorgabe‹ bei einem englischen Pferderennen, ein Vorsprung, den einem die Wettkampfleitung zubilligte. Alte und junge Pferde nahmen an dem Rennen teil, schwache und starke, und die schwächeren bekamen einen Vorsprung, sodass sie eine ehrliche Chance hatten. Sie durften also früher starten oder bekamen einen kürzeren, einfacheren Parcours. Sie erhielten ein Privileg. Später wurde das Wort Handicap nicht mehr dafür benutzt, um einen solchen Vorsprung auszudrücken, sondern für die Schwäche, mit der der Vorsprung verbunden war. Und heute ist ein Handicap (abgesehen vom Golfsport) im alltäglichen Sprachgebrauch etwas, das uns hindert, eine körperliche Abweichung oder eine ernste Schwäche des Körpers. Man kann das Wort auch figürlich anwenden: Wenn Sie in einer bettelarmen Familie geboren wurden, zum Beispiel, oder wenn Ihre Eltern unter einer Kriegsvergangenheit und den dazugehörenden Syndromen litten, so können Sie auch sagen, dass Sie ein Handicap haben.

Doch drehen Sie die Sache einmal um oder drehen Sie sie einmal zurück. Könnte es nicht sein, dass gerade jene Neid erregenden Menschen, die mit einem perfekten Körper in einem sicheren, warmen Nest geboren wurden, jene Menschen, die von Anfang an jederzeit genügend Aufmerksamkeit und Zuwendung erhielten und niemals an irgendetwas Mangel zu leiden brauchten, dass gerade diese privilegierten Menschen diese privilegierte Herkunft brauchten, weil sie sonst keine ehrliche Chance im Wettrennen des Lebens gehabt hätten? Dass es eigentlich ein Vorsprung war, den sie brauchten, weil sie schwächer sind als andere? Wer in harten und schwierigen Umständen aufwächst, braucht einen solchen Vorsprung nicht, denn er ist stark genug, den Wettkampf in all seiner Konkurrenz und Härte durchzustehen. So betrachtet bedeutet jeglicher Vorsprung, dass man eigentlich ein Handicap ins Leben mitbringt, und jedes Handicap bedeutet, dass wir einen Vorsprung haben. Unsere Handicaps deuten also gerade auf unsere Kräfte hin.

Eine beruhigende Vorstellung. Relativieren Sie sich selbst.

Drehen Sie sich selbst um. Rennen Sie nicht mehr äußeren Reichtümern nach, sondern wenden Sie den Blick um und suchen Sie Ihren inneren Palast. Dort liegt alles aufgetürmt, wonach Sie nur verlangen. Dort sind Sie zu Hause.

Kapitel 9

Packe die echten (kleinen) Probleme an

Dieses Kapitel handelt davon, wie Sie ›Rauchschwaden‹ beseitigen können. Innere Ruhe wird häufig dadurch zerstört, dass sich irgendein Problem in Ihrem Leben einstellt. Es kann ein ganz hinterhältiges, kleines Problemchen sein, das Sie eigentlich ganz leicht lösen könnten, wenn nicht diese Rauchschwaden davor hingen, die Ihnen die Sicht rauben.

Ein Beispiel. Ihr Geräteschuppen ist ein einziges großes Durcheinander, Sie haben ihn lange als Abstellecke für Dinge benutzt, von denen Sie nicht wussten, wo Sie sie lassen sollten, und jetzt wächst Ihnen das Gerümpel buchstäblich über den Kopf. Aus einer Ecke steigt ein übler Geruch auf, dort liegt vielleicht eine tote Maus. Um diese Ecke machen Sie einen großen Bogen, doch immer wieder steigt Ihnen der Verwesungsgeruch in die Nase. Jeden Morgen und jeden Abend, wenn Sie den Schuppen betreten, um Ihr Fahrrad herauszuholen oder zurückzustellen, schießt es Ihnen durch den Kopf: Pfui, was für ein Chaos ist das hier! Jedes Mal geraten Sie ein wenig in schlechte Laune. Dieser Schuppen ist eine permanente Attacke auf Ihre Gemütsruhe.

Aber da sind eben diese Rauchschwaden. Sie bestehen zum Beispiel aus der hartnäckigen Neigung, die Schuld

Ihrem Partner zuzuschieben: »Wer hat dieses Durcheinander eigentlich verursacht? Du bist dort viel öfter als ich. Warum räumst du eigentlich den Schuppen niemals auf?« Die Rauchschwaden können sogar ein Eigenleben entfalten und sich verdichten. Dann werfen Sie Ihrem Partner alles Mögliche vor – fehlende Aufmerksamkeit, egoistisches Verhalten, Verschwendung. Oder Sie machen sich selbst etwas vor und reden sich ein, dass dieser chaotische Schuppen gar kein Problem ist.

Frage: Woher kommt dann eigentlich Ihre schlechte Laune? Sie können alles Mögliche als Ausrede heranziehen: das Wetter, Ihre Arbeit, Ihre Beziehung, die vielen Tätigkeiten im Haus, die noch erledigt werden müssen ... Würden Sie zugeben, dass Sie zu faul sind, den Schuppen aufzuräumen, würden sich die Rauchschwaden verziehen.

Darum lautet das neunte Gebot: Packen Sie das *echte* Problem (bzw. Problemchen) an! Seien Sie ehrlich genug, sich selbst einzugestehen, dass Sie sich jeden Tag über das Durcheinander ärgern, und reservieren Sie einmal einen Sonntag dafür. Bekämpfen Sie und überwinden Sie Ihren inneren Widerstand, Ihre Faulheit, Ihre Angst vor dem, was Sie eventuell alles in dem Chaos antreffen könnten. Und genießen Sie die innere Ruhe, die Ihnen als Belohnung zuteil wird.

In der Praxis zeigt es sich, dass es in unserem Leben häufig Probleme und Problemchen gibt, die wir durchaus lösen könnten, allein, es ist so peinlich, darüber zu reden, oder so unbequem und lästig, die notwendigen Maßnahmen zu ergreifen. Entweder sind wir zu faul dafür oder wir haben zu viel Angst davor. Sehr häufig schämen wir uns ein wenig, dass das Problem uns überhaupt zu schaffen macht. Jemand hat uns etwas Unangenehmes gesagt, und das hat sich bei uns festgesetzt. Eigentlich kindisch, sich deswegen einen solchen Kopf zu machen, sagen wir dann zu uns. Überhaupt nicht cool. Ich sollte eigentlich darüber stehen. Doch wir sind Menschen und nicht aus Holz, also macht es uns eben doch zu schaffen.

Derartige Probleme sollten Sie lieber lösen. Meistens genügt es schon, darüber mit der betreffenden Person zu reden. Laut auszusprechen, was einen irritiert, ist ein Zaubermittel, es wirkt Wunder. Nicht den anderen angreifen, sondern die eigene Verwundbarkeit zeigen. Meistens müssen wir dann den eigenen Stolz ein wenig herunterschlucken, um dieses Zaubermittel anwenden zu können, ein wenig von unserem Ego ablegen. Umso besser.

Sie kommen mit Ihrem Partner aus dem Kino und haben ein irritiertes, unangenehmes Gefühl. Was ist schief gegangen? Woher kommt die Missstimmung, die im Auto zu hängen scheint? »Weiß nicht«, sagt Ihre innere Stimme, voller Widerwillen. Aber Sie reden sich ermahnend zu. Sei ehrlich! Keine Ahnung … Noch ein bisschen ehrlicher. Ja – da kommt es schon. Jetzt laut aussprechen. Tapfer sein.

»Ich war ein wenig eingeschnappt, weil ich die Eintrittskarten bezahlen sollte«, sagen Sie mit schwacher Stimme. »Denn du hattest mich doch eigentlich ins Kino eingeladen, das fand ich ja gerade so nett. Aber als du dann einen Parkplatz suchtest und sagtest, dass ich mich schon mal anstellen sollte, konnte ich nicht so schnell etwas dagegen sagen. Also habe ich mich in die Reihe gestellt und habe automatisch dann auch die Eintrittskarten bezahlt. Ich fand das nicht besonders romantisch von dir. Du benimmst dich gerade so, als ob wir schon zwanzig Jahre verheiratet wären.« – »Was?«, fragt Ihr Partner verdattert. »Sorry! Das war überhaupt nicht meine Absicht. Wart mal, ich geb dir das Geld sofort zurück … Nein? Das findest du auch nicht romantisch? Oh, kann ich es irgendwie wieder gutmachen?«

Und was zeigt sich? Es ist bereits gut. Ihr Ärger ist dahingeschmolzen. Sie gehen wieder locker miteinander um, als ob sämtlicher Sand aus dem Getriebe weggespült worden wäre. Das neunte Gebot lautet also eigentlich: Suchen Sie das lösbare Problem und ändern Sie etwas daran.

Suchen Sie das lösbare Problem und ändern Sie etwas daran.

Wie können Sie nun wissen, wo das hinterhältige, ungelöste Problem(chen) in Ihrem Leben sitzt, das so peinlich ist, dass Sie es lieber negieren und das fortwährend Ihre innere Ruhe untergräbt? Meistens spüren Sie es, in Ihrem Körper oder in Ihrem Geist. Manchmal bekommen Sie ein wenig Bauchweh oder Magenschmerzen, Stiche in der Brust oder einen unangenehmen Adrenalinstoß in Ihren Gliedern, jedes Mal, wenn Sie daran denken oder wenn Sie damit konfrontiert werden. Manchmal fühlen Sie, wie eine unerklärliche Gereiztheit in Ihnen aufkommt oder eine Wolke von wütenden Gedanken im Zusammenhang mit dem Thema. Oder Sie spüren, wie Sie jedes Mal, wenn Sie daran denken, in Selbstmitleid versinken: Warum musste mir das schon wieder passieren?

Manchmal ist ein Problem dermaßen subtil, dass Sie es nicht einmal sich selbst einzugestehen wagen. Sie haben

Ihr Kind zum Beispiel drei Tage pro Woche in einer guten Kinderkrippe untergebracht, und einen Tag in der Woche bringen Sie es zu Ihrer Oma, Mutter oder Schwiegermutter. Eigentlich ärgern Sie sich über Oma. Sie meckert jedes Mal an allem herum, über unwichtige Kleinigkeiten: dass Sie Ihr Kind nicht warm genug angezogen haben oder aber viel zu warm, oder nicht ordentlich genug oder aber viel zu ordentlich, dass es zu wenig gegessen hat oder zu viel, oder dass es die Brotrinden auf dem Teller liegen lässt, dass ein Becher mit Milch umgefallen ist auf ihrem Salontisch … Jedes Mal, wenn Sie das Kind zu ihr bringen oder dort abholen, ziehen Sie sich innerlich gewissermaßen zusammen. Gleich muss ich mir ihr Geleier wieder anhören und ich muss ihr wieder nach dem Mund reden …

Wenn Sie ehrlich wären, würden Sie begreifen, dass Sie eigentlich dringend ein ernstes Gespräch mit ihr führen sollten. Ist sie der Aufgabe eigentlich gewachsen? Kann sie die Verantwortung noch tragen? Aber Sie trauen sich nicht, ehrlich zu sein, denn: Was wäre, wenn sie darauf Nein sagt. Dass sie eigentlich gar keine Lust hast, Ihr Kind zu betreuen, dass sie eigentlich nur der Meinung war, es nicht ablehnen zu können. Stellen Sie sich vor, sie ergriffe dann die Gelegenheit, die Aufgabe loszuwerden. Dann geht Ihre wunderbare Regelung den Bach hinunter. Noch ein zusätzlicher Tag in der Kinderkrippe, das muss erst mal geregelt werden. Es gibt Wartelisten. Und einen Tag weniger arbeiten, das ist auch nicht so einfach zu organisieren. Außerdem kostet das alles mehr Geld. – Also schlucken Sie Ihre Kritik wieder einmal herunter und bügeln die Sache glatt, jedes Mal aufs Neue. Ihre Rauchschwaden sind in Aktion … Aber das geht auf Kosten Ihrer Gemütsruhe. Die Tage, an denen Ihr Kind bei Oma ist, arbeiten Sie weniger entspannt, Sie sind schneller gereizt, kurz angebunden und weniger hilfsbereit gegenüber Ihren Kollegen.

Beseitigen Sie die Rauchschwaden und gehen Sie das Gespräch mit Oma an. Sie wissen nicht, was dabei herauskommt, doch alles ist besser als dieser Zustand. Ein ungelöstes Problem ist nicht gut für Sie, aber auch nicht für Ihr Kind oder Ihre Arbeit. Und auch nicht für Oma.

Der australische Weisheitslehrer Berry Long sagte oft: »First things first.« Gehe das Wichtigste zuerst an. Während eines Seminars wurde er einmal auf diese Devise hin von einer Frau aus dem Publikum angesprochen. Sie sagte, sie hätte so viele Probleme, sie wisse gar nicht mehr, wo sie anfangen sollte. »Okay«, sagte Long, »nennen Sie mir Ihre Probleme.« – »Ich habe zu wenig Geld«, sagte die Frau, »und keine Liebe in meinem Leben. Niemand unterstützt mich. Ich muss viel zu hart arbeiten. Es ist einfach hoffnungslos.« – »Und jetzt das echte Problem«, sagte Long. »Was Sie bis jetzt gesagt haben, ist nicht das, was Ihnen wirklich zu schaffen macht. Also los, es gibt noch etwas, was Sie beschwert. Was ist es?« Die Frau sträubte sich: Nein, nein, wirklich, es sei genauso, wie sie gesagt hatte, ihr ganzes Leben war ein einziges großes, unlösbares Problem. Sie wisse nicht, was er meine. Long drang in sie: »Sagen Sie nicht, dass Sie es nicht wissen. Sie wissen es sehr gut.« Schließlich sagte die Frau: »Höchstens … die Tatsache, dass meine Tochter ihre Musik immer so laut aufdreht. Dieses Popgedröhne, immer und ständig in meinem Haus … Ich halte es wirklich nicht mehr aus.«

Und bei diesen Worten begann sie zu weinen. »Das ist es«, sagte Long. »Da haben Sie Ihr echtes Problem. Führen Sie einmal ein vernünftiges Gespräch mit Ihrer Tochter. Wie alt ist sie?« Die Tochter war, wie sich herausstellte, fast zwanzig. Long riet der Frau, ihre Tochter vor die deutliche Entscheidung zu stellen, entweder das Elternhaus zu verlassen oder sich an die Hausregeln zu halten. »Warum sagen Sie ihr nicht, dass ihre Musik Sie so sehr stört?« Das fände sie schwierig, sagte die Frau. Sie wolle so gerne eine liebe Mutter sein, und ihre Tochter solle sich doch bei ihr zu Hause fühlen. Sie fand, dass sie als gute Mutter eigentlich fähig sein müsse, so etwas auszuhalten. Aber sie konnte es einfach nicht. »Es ist Ihr Haus«, sagte Long. »Sie sind der Boss. Wenn Sie Ruhe oder Stille im Haus haben wollen oder leise klassische Musik, dann muss dieser Wunsch respektiert werden. Sie werden sehen, dass sich all Ihre anderen Probleme als gar keine echten Probleme erweisen werden.« *Action purifies* ist ein bekanntes Motto von Long: Handeln reinigt die negativen Emotionen. Wenn Sie tun, was Sie tun können, bewirken Sie, dass Sie innerlich ruhig werden.

Wenig Geld zu haben, ist nicht schlimm, wenn im Haus eine gute Atmosphäre herrscht. Hart arbeiten ebenfalls nicht. Unterstützen Sie sich selbst – lösen Sie Ihr wirkliches Problem.

Es gibt einen schönen weisen Spruch, den viele Menschen kennen: Akzeptiere, was du nicht ändern kannst, und ändere, was du nicht akzeptieren kannst. Manchmal hört man ihn auch in der Form eines Gebets: »Gott, gib mir die Kraft, zu akzeptieren, was ich nicht ändern kann, und zu ändern, was ich nicht akzeptieren kann; und die Weisheit, zwischen beidem zu unterscheiden.«

In einem Buch über Stressmanagement fand ich eine nette Variante dieser Weisheit, die dem Dalai-Lama zugeschrieben wird: »Es gibt niemals einen Grund, sich aufzuregen. Denn es gibt immer zwei Möglichkeiten. Entweder: Es gibt eine Lösung für Ihre Probleme, dann brauchen Sie sich nicht aufzuregen. Oder es gibt keine Lösung, und dann hat es natürlich erst recht keinen Sinn, sich aufzuregen.« Wenn es eine Lösung gibt, können sie die Situation ändern. Und wenn es keine Lösung gibt, bleibt nichts anderes übrig, als die Situation zu akzeptieren.

Aber es ist nicht ganz einfach, zu unterscheiden, welche Probleme lösbar sind und welche nicht.

Sein Schicksal einfach so zu akzeptieren, wenn es unabänderlich ist, ist heute aus der Mode. So etwas hat man früher getan, da galt noch: Der Mensch denkt, Gott lenkt; da glaubte jeder noch daran, dass das Leben von höherer Hand gelenkt würde und dass man sein Schicksal nicht selbst in den Händen hatte. Wir sind im Lauf der Jahrhunderte immer mehr zu freien Individuen geworden, und damit haben wir auch die Verantwortung für unsere eigenen Leben übernommen. Das Leben scheint heute ja auch immer stärker ›machbar‹ zu sein. Es wird nicht als selbstsicher, nicht als hip empfunden und zeugt nicht von Selbstrespekt, zu akzeptieren, dass etwas existiert, was ich nicht ändern kann. Wenn es wirklich unmöglich ist, selbst Schritte zu unternehmen, glauben wir, so muss die Technik das Problem lösen oder die medizinische Wissenschaft oder die Regierung. Ärzte, Technikfanatiker und Politiker bestätigen uns in dieser Auffassung; sie sind die Letzten, die zugeben würden, dass ihre Macht nur begrenzt ist.

In New-Age-Kreisen neigt man weniger dazu, zu erwarten, dass die Wissenschaft alles lösen kann. Doch da offenbart sich wieder eine andere Art von ›Machbarkeitsglaube‹. Deine Überzeugungen schaffen die Wirklichkeit, sagt man dort. Wie innen, so außen. Was du ausstrahlst, bekommst du zurück. Also bist du immer verantwortlich. Wunderbar – solange es dabei bleibt. Doch viele Menschen gehen noch weiter, sie glauben, dass man immer die erwünschte Wirklichkeit schaffen kann, wenn man nur die richtigen Überzeugungen hat. Und dass alles, was in unserem Leben geschieht und weniger angenehm ist, demnach ebenfalls eine direkte Folge unserer eigenen Taten ist.

Ich glaube überhaupt nichts davon. Das Leben ist so groß, so mysteriös, so unergründlich – es lässt sich nicht von einem einzigen Individuum manipulieren. Wie es vor der Geburt und nach unserem Tod beschaffen ist, darüber können wir aus eigener Erfahrung keine Aussage treffen. Vielleicht gibt es tatsächlich ein höheres Selbst, das in großen Linien regelt, was uns in unserem Leben begegnet, sodass wir die notwendigen Lektionen erlernen. Ja, das ist sogar durchaus wahrscheinlich. Doch auf dieser Ebene spielt sich das tägliche Leben nicht ab. Hier auf der Erde sind wir wirklich allerlei Ereignissen unterworfen, die uns überfallen können. *Shit happens.* Wir sind alle noch Menschen i.G. – in Gründung oder in Entwicklung. Wir bahnen uns einen Weg durch unbekanntes Terrain. Wir sind auf dem Weg zu Autonomie und Freiheit, und alle anderen um uns herum ebenfalls. Der eine ist etwas weiter und der andere etwas weniger weit auf diesem Weg, und viele sind noch nicht frei genug, um auch die Freiheit anderer respektieren zu können. Darum werden wir eben ab und zu ungerecht behandelt, ausgeraubt, auf die Prüfung gestellt, verurteilt, verkannt. Auch Krankheiten, Unfällen und Elend können wir nicht immer entgehen. Die einzige Verantwortung, die wir immer haben, ist die für unsere Reaktion, unsere Antwort auf die Ereignisse. Was machen wir daraus? Lernen wir etwas aus ihnen oder benutzen wir sie dazu, uns unaufhörlich als Opfer zu fühlen? Doch wir sind lange nicht immer verantwortlich für die Ereignisse selbst. Oft haben wir sie einfach zu akzeptieren.

Unterscheiden, was alles außerhalb unserer Macht liegt und welches Problem(chen) wir durchaus anpacken können, das ist meistens eine Frage der Ehrlichkeit gegenüber sich selbst. Wir sind auch nur Menschen. Fühlen Sie sich also nicht erhaben über Ihre eigene ›Menschlichkeit‹, über Ihre Verwundbarkeit, Ihre Empfindlichkeit. Packen Sie das Problem(chen) an, das hinter den Rauchschwaden liegt, und lösen Sie es. Der Rest lässt sich dann sofort ein ganzes Stück leichter akzeptieren.

Fühlen Sie sich also nicht erhaben über Ihre eigene ›Menschlichkeit‹, über Ihre Verwundbarkeit, Ihre Empfindlichkeit.

Kapitel 10

Lasse los !

Innere Ruhe, Spiritualität, Liebe, Freiheit – all das steht und fällt in dem Maße, wie Sie die *Kunst des Loslassens* beherrschen. Auch diese zehn Gebote basieren auf ihr.

»Du sollst dich nicht zu Entscheidungen zwingen«, ist eigentlich eine andere Art, Folgendes zu sagen: Lasse die Idee los, dass du immer selbst bestimmen kannst, wie sich dein Leben entfaltet.

»Strebe nicht nach Wachstum« bedeutet: Lass die Sehnsucht nach fortwährender Zunahme los.

»Lege dir und anderen keine Verbote auf«, ist natürlich eine Methode, sich zu sagen: Lasse deine Negativität los, sei offen für das Positive.

»Setze dir nur Ziele, die heute noch zu schaffen sind«, betrifft das Loslassen unrealistischer Ambitionen.

»Nimm dir zweimal so viel Zeit, wie du zu benötigen glaubst« – hierdurch lockern Sie den Würgegriff Ihres Terminkalenders etwas.

»Genieße, was du besitzt«, ist nur möglich, wenn Sie das Träumen von Dingen, die Sie nicht besitzen, aufgeben können.

»›Eintönige‹ Dinge tun«, das gelingt erst, wenn Sie Großtuerei und Ansprüche loslassen.

»Dreh die Dinge um«, betrifft das Loslassen von Vorurteilen und festen Überzeugungen.

»Packe die echten (kleinen) Probleme an«, das tun Sie, wenn Sie sich trauen, Ihre eigenen Rauchschwaden loszulassen, das heißt: Ihre Neigung, vor einer unbequemen Realität zu fliehen.

Wer nicht loslassen kann, macht häufig stattdessen etwas kaputt – Beziehungen, Liebe, Freundschaft, sich selbst oder andere Menschen. Etwas zu zerstören, ist eine unbewusste Form des Loslassens. Alles, was unbewusst geschieht, ist um einiges schmerzhafter, mühevoller, schwerer und heftiger als das, was sich im Bewusstsein abspielt. Was wir nicht im Guten loslassen, wird uns häufig im Bösen genommen.

Manchmal wird ein Problem nur immer schlimmer, solange wir uns darin festbeißen, und es löst sich auf, sobald wir es loslassen. Dies habe ich schon häufig erfahren. Das Loslassen eines Problems schafft anderen Menschen – oder dem Leben selbst – den Raum, es für mich zu lösen. Solange ich mich darin verbeiße, ist dieser Raum nicht vorhanden. Die ›Lösungsbringer‹, um es so auszudrücken, können nicht an es herankommen, denn wir stehen im Wege.

Es gab einmal eine Zeit, da mussten Expartner von Menschen, die Sozialhilfe empfingen, in den Niederlanden plötzlich einen Beitrag an das Sozialamt bezahlen.

Diese Regelung sorgte dafür, dass das Sozialamt reiche Männer, die geschieden waren und ihre Frau in die Sozialhilfe gedrängt hatten, in die Pflicht nehmen konnte. Eine gute Idee, fand ich. Doch mein Expartner, ein bildender Künstler, lebte damals von Sozialhilfe, und obwohl ich kaum mehr als das gesetzliche Minimaleinkommen verdiente, bekam ich plötzlich einen strengen Brief vom Sozialamt – ich sollte ab sofort 250 Gulden pro Monat abgeben. Ich war tief empört. Eine solche Summe konnte ich nicht entbehren. Diese Regelung war doch nicht dafür da, einer hart arbeitenden Journalistin, die zufällig auch noch berufstätige allein erziehende Mutter war und einen armen Künstler als Exmann hatte, das Fell über die Ohren zu ziehen? Wütend schrieb ich dem Sozialamt, dass diese Regelung doch niemals auf mich anwendbar sein könne. Nach einiger Zeit bekam ich ein amtliches Schreiben als Antwort: Es könnten leider keine Ausnahmen gemacht werden, ich müsste bezahlen, heraus mit dem Geld. Wieder regte ich mich wahnsinnig auf, und außer mir vor Wut schrieb ich einen trotzigen Brief: Ich weigerte mich, zu bezahlen. Daraufhin wurde der Ton des Sozialamts drohend. Wenn ich nicht bald das Geld überwies, dann … Da gab ich auf. Wie ungerecht es auch sein mochte, hier würde ich doch den Kürzeren ziehen. Ich fand mich damit ab, ich ließ die Sache los. Brav und willig füllte ich die Fragenliste auf dem Formular aus: Einkommen, Ausgaben und so weiter. Fast postwendend erhielt ich aufs Neue einen Brief vom Sozialamt: Wegen zu niedrigem Einkommen war ich definitiv vom Pflichtbeitrag befreit. Ein konkreteres Beispiel für den Nutzen des Loslassens lässt sich kaum ausmalen.

Loslassen ist nicht nur eine noble Kunst, sondern auch absolut notwendig, wenn man innerlich zur Ruhe kommen können und flexibel durchs Leben gehen möchte. Doch Loslassen ist teuflisch schwer, und das ist auch kein Wunder, denn wir existieren, um es einmal so auszudrücken, dank unserer Fähigkeit, etwas festzuhalten. Mutter Erde hält uns fest – wir nennen es zwar Schwerkraft, doch wie auch immer, sie tut es. Unser Fleisch hält sich an unseren Knochen fest und all unsere ›fleischlichen Hüllen‹ halten sich wiederum irgendwie an unserem Geist fest. Oder anders herum, der Geist hält sich am Körper fest. Alles, was wir im täglichen Leben benötigen, soll stabil bleiben und nicht einfach so seinen materiellen Zusammenhang aufgeben: Häuser, Stühle, Autos, Verabredungen, Vereinbarungen, Verträge …

Versuchen Sie einmal, in dieser dicken irdischen Schicht aus Konsistenz und Beharrlichkeit leicht und locker die Kunst des geistigen und emotionalen Loslassens zu üben!

Es gibt Übungen dafür. Man kann es zum Beispiel mit Entspannung, Selbsthypnose, mit Aura-Übungen probieren. Ich habe auch einmal homöopathische Kügelchen von einem klassischen Homöopathen erhalten, die halfen, ein altes Muster loszulassen, das auf irgendeine Weise im Zusammenhang mit einer Art Ekzem, Rosazea, zu stehen schien,– es wirkte verblüffend gut, und die Rosazea verschwand.

Manchmal kann man eine Situation relativieren, indem man sich vorstellt, wie man später, nach einiger Zeit, darauf zurückblicken wird. So geriet ich einmal am Tag vor Weihnachten in eine enorme Warteschlange von Menschen. Ich konnte nicht die Flucht ergreifen, obwohl es mir überaus schlecht passte, meine Zeit dort mit Warten zu vertun. Ein Kaufhaus bot in diesem Jahr zum ersten Mal ein Weihnachts-Catering an, und das Abholsystem war noch nicht gut organisiert. Normalerweise hätte ich niemals mein Weihnachtsmenü fix und fertig vorbereitet gekauft, doch einige Tage vorher war ich mit meiner Familie umgezogen. Die Küche war noch zur Hälfte in Kartons verpackt, das ganze Haus noch ein einziges Umzugschaos. Unter diesen Umständen schien es mir eine gute Idee, einige schmackhafte Speisen zu bestellen, sodass ich in den Weihnachtstagen mit dem Auspacken und Aufräumen weitermachen konnte und dennoch ein wenig Weihnachtsatmosphäre im Haus hatte. Mir sank das Herz in die Hosentasche, als ich die lange Reihe der wartenden Kunden erblickte. Menschen, die mit den abgeholten Sachen herauskamen, berichteten, dass sie zuvor anderthalb Stunden in der Schlange gestanden hatten. Anderthalb Stunden, und das am allerhektischsten Tag des Jahres! Trotzdem … wäre ich weggegangen, hätte dies bedeutet, dass ich irgendwo anders etwas zu Essen kaufen müsste, es war überall die Hölle los, und hier stand unsere herrliche Mahlzeit bereit.

Es blieb nichts anderes übrig, als alle Spannung und jeglichen Unfrieden loszulassen. Um mich herum war die Atmosphäre zum Glück gut. Eine junge Frau erzählte lustige Geschichten und wir hörten alle zu. Manche Menschen liehen einander ihre Handys, um die zu Hause Gebliebenen oder den in zweiter Reihe parkenden Partner über die lange Wartezeit zu informieren. »Vielleicht«, sagte ich zu einer Dame neben mir, »blicken wir später einmal auf diese Stunde, die wir jetzt in der Reihe standen, zurück als auf den allerentspanntesten Moment der ganzen Weihnachtszeit.« Als ich mir das klargemacht hatte, konnte ich mich tatsächlich entspannen. Kurz einfach einmal nichts tun an einem so hektischen Tag, das war eigentlich recht angenehm ... Es zeigte sich, dass dies prophetische Worte gewesen waren. Das Weihnachtsfest selbst habe ich vergessen, doch die besondere Atmosphäre dieser Stunde in der langen Schlange, sie ist mir lange im Gedächtnis geblieben.

Kurz einfach einmal nichts tun an einem so hektischen Tag, das war eigentlich recht angenehm ...

Nun war dies natürlich nichts im Vergleich zu dem großen Loslassen, das uns das Leben abfordert. Eltern müssen ihre Kinder loslassen, viele von uns werden Partner loslassen, jeder sollte lieber die Vergangenheit loslassen, um im Hier und Jetzt zu leben, und schließlich lassen wir alle das Leben selbst los, um zu sterben. Wenn wir in den kleinen Situationen eifrig üben, so werden wir, denke ich, weniger Schwierigkeiten mit den großen haben.

Die Unfähigkeit, loszulassen, hängt oft mit einem strengen Urteil zusammen: Dies oder jenes sollte nicht so sein, wie es ist. Es sollte nicht möglich sein. Was für eine Schande, dass der ganze Abholvorgang nicht besser organisiert ist! Das geht doch nicht, am Tag vor Weihnachten! Aber es ist so: Das, was ist, ist. Es hat keinen Sinn, zu denken, dass es nicht so sein soll. Offenbar ist aber gerade dies der Fall: Es ist nämlich so.

Neulich hatten mein Partner und ich ein interessantes Gespräch. Ich fand, dass er sich mir gegenüber zu oft entschuldigte. Vorher sagte er *Sorry* und danach *Pardon*.

Er war viel zu anständig erzogen worden, fand ich, er sah mich offenbar als ein Porzellanpüppchen an, das nichts vertragen konnte – und sich selbst als eine Art Grobian. Ich sagte: »Ab jetzt musst du jedes Mal einen Euro in einen Topf tun, wenn du Pardon oder Sorry sagst. Wenn hundert Euro darin sind, gebe ich dir einen Euro wieder für das eine Mal, wo es berechtigt war. So wirst du dir bewusst, wie oft du dich entschuldigst, und dann wirst du von selbst damit aufhören.« Mein Freund brach in Lachen aus, aber stimmte schließlich zu. Nun muss ich natürlich auch etwas in die Waagschale legen, dachte ich. »Umgekehrt ist es natürlich auch erlaubt«, sagte ich. »Nenn du mir etwas, was ich ab sofort nicht mehr sagen darf.« Er dachte kurz nach.

»*Du musst*«, sagte er dann. »Du sagst ziemlich oft, dass jemand irgendetwas *muss*. Ich fände es schön, wenn du das ein wenig bleiben lassen würdest.« Ich war überrascht. Führte ich das Wort ›müssen‹ tatsächlich so häufig im Munde? Es schien mir ein wenig übertrieben. Egal, es würde sich zeigen. Wir suchten uns einen tönernen Blumentopf und klebten ein Etikett darauf: »Pardon- und Dumusst-Bußgeldtopf«. Ab jetzt wurde es ernst: Wir mussten ein Bußgeld bezahlen für jedes Mal, wenn wir unserer alten unbewussten Gewohnheit nachgaben. Das Wort ›büßen‹ bedeutet ursprünglich: wiederherstellen, reparieren. Unsere kleinen freiwilligen Bußen hatten den Zweck, ein Loch in unserem Bewusstsein zu reparieren.

Füllwörter sind gar nicht so harmlos, wie man zunächst denkt. Die Art und Weise, wie man spricht, spiegelt wider, wie man denkt. Und Gedanken prägen unser Dasein stärker, als uns lieb ist. Sorgfältiges Sprechen kann unser Leben verändern. Bevor es Abend geworden war, befanden sich in dem Topf zwei Euro von meinem Partner und sechs Euro von mir. Nach einer Woche konnten wir in ein schickes Restaurant Essen gehen, so viel gab der Topf her. Vor allem mein Beitrag war enorm. Ich war verdattert, doch mir wurde klar, wie frappierend die Sache war: Sogar bei dem Vorschlag, ein Bußgeld zu bezahlen, hatte ich die Worte »du musst« benutzt. Nichts, aber auch wirklich gar nichts konnte ich als freundlichen Vorschlag oder frei lassende Anregung formulieren. Es war einfach ernüchternd. Was die Leute alles *mussten*, wenn es nach mir ging! Und was ich alles musste, wenn es nach mir ging! Ich war sogar dabei, ein Buch zu schreiben, in dem zehn Gebote formuliert wurden …

Warum war ich eigentlich so erfüllt von irgendeinem Müssen? Ich konnte mir verschiedene Ursachen vorstellen. Wer weiß, vielleicht war mein Despotismus ja aus einer Angst, abgewiesen zu werden, entstanden. Vielleicht hatte ich als Kind immer wieder versucht, bescheiden Fragen zu stellen und anderen freundliche Vorschläge zu machen, und ich wurde dann, vor langer Zeit, dabei tief enttäuscht. Vielleicht haben meine Eltern meine Anstrengungen völlig negiert und meine Vorschläge eiskalt zurückgewiesen. Und ich habe mich dann einsam und allein gelassen gefühlt. Daher möglicherweise der Trick, den anderen direkt mit einem Befehl zu überrumpeln. Die Chance, dass man wenigstens bemerkt wird, ist dann größer. Manchmal kann das zu einem Konflikt führen, doch währenddessen ist es einem wenigstens gelungen, einen Kontakt herzustellen.

Das war durchaus eine angenehme Erklärung – ich war nicht schlecht, sondern nur ein wenig bedauernswert.

Andererseits konnte ich mir auch vorstellen, dass ich mich gewissermaßen in mein eigenes Müssen eingewickelt hatte, weil ich Freiheit ein wenig bedrohlich finde. Genau wie Neugeborene häufig ruhiger werden, wenn man sie fest von oben bis unten wickelt – es erinnert sie an die Ruhe und die Begrenzung der Gebärmutter. Das war schon eine weniger schmeichelhafte Erklärung, denn ein Erwachsener, der sich einigermaßen gesund und normal entwickelt hat, strebt eher nach Freiheit als nach Sicherheit. Für einen seelisch wirklich erwachsenen Menschen bedeutet Freiheit nicht dasselbe wie Unverbindlichkeit; es ist die Freiheit, der zu sein, der du bist, das zu tun, was zu dir gehört.

Wie auch immer, unser Pardon- und Du-musst-Bußgeldtopf füllte sich immer mehr. Und ich wurde mir immer stärker meines zwingenden Sprachgebrauchs bewusst. Wenn es wahr war, dass jeder, wenn es nach meinem Kopf ging, etwas sollte oder musste, so könnte ich mir das endlich mal abgewöhnen, dachte ich. Wenn man der Auffassung ist, dass andere ständig irgendetwas sollen oder müssen, so findet man dies auch in Bezug auf sich selbst. Meine Zwang-Neigung bezieht sich genauso stark auf mich selbst wie auf meine Umwelt. Wäre es nicht eine herrliche Sache, *dürfen* zu lernen statt immerzu *müssen* zu müssen?

Es ist ein geistiges Gesetz, dass man sich einer falschen Angewohnheit nur bewusst zu werden braucht, damit man sie exakt, haarscharf, glasklar vor sich sieht, so wie sie ist, um sie loslassen zu können. Es funktioniert nicht sofort, es braucht ein wenig Zeit. Normalerweise läuft es so: Erst tut man endlos lange etwas unbewusst – man sagt zum Beispiel unbewusst alle naselang »du musst«. Dann beginnt man zu begreifen, dass man es tut: zum Beispiel dadurch, dass jemand einen darauf hinweist. Eine Zeit lang tut man es dann noch immer, obwohl man weiß, was man tut. Das ist eine schwierige Phase. Das kann ziemlich frustrierend sein, denn man sieht sich jedes Mal wieder genau das tun, was man sich vorgenommen hatte, zu unterlassen. Hoppla! Man hält sich vor Schreck den Mund zu, doch zu spät, man hat es doch wieder gesagt. Wieder einen Euro in den Topf. Und noch einen, und noch einen. Nach einiger Zeit, ganz allmählich, wenn man sich weiterhin selbst beobachtet und das falsche Verhalten lange genug in das Licht des Bewusstseins gerückt hat, lässt man die Gewohnheit von selbst los.

Alles, was nicht wirklich zu mir gehört, was ungesund ist und mich verkrampft, fällt weg, sobald ich es klar sehe. Das funktioniert auch bei ganz einfachen, körperlichen Dingen. Mache dir den Krampf in einem Muskel bewusst, und früher oder später wird der Muskel sich entspannen. Werde gewahr, wie du sitzt, und es ist unmöglich, in einer ungesunden Haltung sitzen zu bleiben. Der Körper verändert von selbst seine Haltung. Es ist das kosmische Gesetz der Probleme, über das ich in diesem Buch bereits sprach, das hier wirksam ist. Sorge dafür, dass du das wirkliche Problem ans Tageslicht holst, dass du dir seiner bewusst wirst, und es wird sich von selbst auf die Suche nach der Lösung begeben. Das Einzige, was du zu tun brauchst, besteht darin, dafür zu sorgen, dass du dem mit deinen selbst ausgedachten Lösungen nicht im Wege stehst. Lasse es los.

Alles, was nicht wirklich zu mir gehört, was ungesund ist und mich verkrampft, fällt weg, sobald ich es klar sehe.

Deshalb schrieb ich im Vorwort dieses Buches bereits, dass es sich hier um augenzwinkernde Gebote handelt, keine ehernen Gesetze. Um wirklich innere Ruhe zu erreichen, ist es notwendig, auch diese Lebensmaximen loszulassen.

Lieben ist fast dasselbe wie Loslassen. Loslassen ist Raumgeben, Lieben ebenfalls. Dem anderen Raum geben, sodass er der sein kann, der er ist. Sich selbst Raum geben. Dem Leben Raum geben. So viel Liebe aufbringen können, dass jeder Mensch, den es gibt, dass alles, was existiert, von dir aus da sein darf. Dann hast du innere Ruhe.

Und wie wäre es, wenn wir sogar die Vorstellung der inneren Ruhe als Ziel losließen? Loslassen ist Ausatmen. Wer weiß, vielleicht ist Ruhe eine Ausatmung, der unweigerlich eine neue Einatmung folgt. Das Leben geht weiter, mit Höhen und Tiefen, Herausforderungen und Lösungen, Zeiten der Stagnation und Zeiten des Wachstums oder der Blüte.

Wenn Sie den Weg nach innen gefunden haben, den Weg durch die Tür zu Ihrem geheimen Palast, so muss das nicht heißen, dass Sie dort weiterhin wohnen wollen. Es ist herrlich, zu wissen, dass man diesen Raum hat. Man kann sich dort ausruhen und von dem turbulenten Leben da draußen erholen. Und wenn Sie wieder Kräfte gesammelt haben, gehen Sie durch die Säle des inneren Palastes wieder zurück. Sie treten hinaus ins Freie. Vorsichtig schließen Sie die Tür hinter sich. Der Wald rauscht und raschelt um Sie herum. Tief atmen Sie den Duft des Lebens ein, das Sie umgibt. Sie sind wieder bereit dafür.